O Coração Oculto do Cosmos

O Coração Oculto do Cosmos faz parte da Série "Ecologia & Justiça" da Orbis Books, organizada por Mary Evelyn Tucker e John A. Grim, com Sean McDonagh e Leonardo Boff como conselheiros. Os livros dessa Série procuram integrar uma compreensão da Terra como um sistema de vida interligado com a preocupação de criar relações justas e sustentáveis que beneficiem a Terra como um todo. *O Coração Oculto do Cosmos* oferece novas descobertas da cosmologia contemporânea que iluminam a busca da sabedoria do universo.

Brian Swimme

O Coração Oculto do Cosmos

A Humanidade e a Nova História

Tradução
CARLOS ALBERTO SILVEIRA NETTO SOARES

EDITORA CULTRIX
São Paulo

Título do original:
The Hidden Heart of the Cosmos
Humanity and the New Story

Publicado originalmente por Orbis Books, Maryknoll, NY, USA.

A Sociedade de Missão Estrangeira Católica da América (Maryknoll) recruta e treina pessoas para serviços missionários ultramarinos. Através da Orbis Books, a Maryknoll almeja encorajar o diálogo internacional que é essencial para essa missão. Entretanto, os livros publicados refletem a opinião de seus autores e não pretendem representar a posição oficial da sociedade.

Edição	Ano
1-2-3-4-5-6-7-8-9	99-00-01-02-03-04

Direitos de tradução para a língua portuguesa
adquiridos com exclusividade pela
EDITORA CULTRIX LTDA.
Rua Dr. Mário Vicente, 374 – 04270-000 – São Paulo, SP
Fone: 272-1399 – Fax: 272-4770
E-mail: pensamento@snet.com.br
http://www.pensamento-cultrix.com.br
que se reserva a propriedade literária desta tradução.

Impresso em nossas oficinas gráficas.

Aos meus pais,
Wayne e Jeanne Swimme

Sumário

Prefácio

Desde o começo, os humanos têm refletido sobre a natureza última da existência. Xamãs e sábios, filósofos e santos, *rishis*, rabinos e teólogos, todos, de maneiras variadas, refletiram sobre as profundas e infinitamente fascinantes questões da existência. *O Coração Oculto do Cosmos* quer se juntar a essa antiga tradição fazendo as mesmas perguntas, porém a partir da perspectiva da ciência contemporânea. Nossas reflexões começarão pelo universo como o conhecemos, um universo que teve início há bilhões de anos como um plasma denso e quente, que lentamente desdobrou-se em galáxias e estrelas e que, mais tarde, complexificou-se até o aparecimento de seres vivos.

As questões que abordo neste volume talvez sejam as mais antigas de todas. "De onde veio tudo isso? Onde está o centro da realidade? Onde está o coração ou a fonte do universo? Onde está aquele lugar de onde tudo brotou para a existência?" Baseando-nos nas descobertas dos empreendimentos científicos modernos e, em particular, da física quântica e da cosmologia do século XX, não enfrentamos essas eternas questões com qualquer expectativa ingênua de que agora responderemos com certeza a questões que frustraram nossos ancestrais, mas com a esperança de que nós também poderíamos nos tornar tão engajados nas questões e tão desconcertados e surpresos pelas respostas quanto eles o foram.

Espero tratar, em próximos volumes, de diferentes questões, e trazer para elas as descobertas centrais das diferentes ciências, mas todas essas meditações começarão no contexto da evolução do cosmos, e serão guiadas por uma preocupação única e unificadora: "O que significa existir como humanos neste universo imenso e em expansão? Qual é nosso papel aqui? Qual é nosso destino?"

Se essas especulações que se originam do mundo da ciência ajudarem a humanidade a fazer frente e ultrapassar os desafios que nos confrontam aqui, na véspera do terceiro milênio, estaríamos justificados em declarar que a ciência como um todo entra agora em outra fase da sua jornada. Não mais simplesmente uma criada da tecnologia. Não mais simplesmente um estudo materialístico da realidade. Essa nova fase seria a de uma ciência explorando a profunda sabedoria manifesta no universo. Seria demais desejar que a própria ciência se tornasse uma nova tradução de sabedoria, mas talvez estejamos já testemunhando a criação de uma nova cosmologia abrangente baseada no nosso entendimento contemporâneo do universo e, no entanto, suficientemente sutil para interagir harmoniosamente com as mais antigas tradições culturais.

AGRADECIMENTOS

Gostaria de agradecer a Robert McDermott por ter criado o Programa de Filosofia, Cosmologia e Consciência no California Institute of Integral Studies, em San Francisco. Foi lá que essas idéias tomaram sua forma atual. Meus agradecimentos a Bruce Bochte e a Marie Cantlon pela ajuda com o manuscrito, e ao meu filho, Brian, por seus belos desenhos. Apreciei particularmente a assistência editorial da equipe da Orbis, incluindo Mary Evelyn Tucker, John Grim e Bill Burrows. Finalmente, minha gratidão às muitas pessoas que, com suas perguntas críticas e sugestões, ajudaram a traçar cada linha.

1

A Jornada da Cosmologia

* * *

A coisa realmente surpreendente é que as informações sobre o lugar de origem do universo sempre estiveram aqui. Quero dizer que, por tanto tempo quanto têm existido seres humanos na Terra, temos sempre, dia e noite, estado expostos a informações abundantes sobre o lugar de origem do universo. Essa deve ser uma faceta central da existência humana: ter a verdade bem diante de nós e, no entanto, ser incapazes de vê-la ou reconhecê-la.

No caso da origem do cosmos, as informações são transportadas pelas partículas de luz – os fótons – e elas têm estado aqui desde o início. O problema é que os fótons são minúsculos demais para serem vistos a olho nu pelos humanos. Apenas pense: quantos humanos, desde o começo da História, andaram por aí banhados nas informações da origem do universo, todos simplesmente incapazes de se dar conta do que estava bem diante deles.

Toda investigação científica pode ser caracterizada como o desenvolvimento de sensibilidades e idéias necessárias para nos tornarmos mais plenamente conscientes do que está acontecendo ao nosso redor. Vista dessa perspectiva, a descoberta do lugar de origem do universo é um aprendizado de quatro milhões de anos. Digo quatro milhões de anos porque, embora seja difícil identificar de onde deveríamos marcar o começo da humanidade, uma forma de fazê-lo é tomar a origem como o momento em que nossos ancestrais, pela primeira vez, andaram sobre duas pernas. Alguns antropólogos preferem o momento em que, pela primeira vez, nossos ancestrais usaram ferramentas de maneira sistemática, cerca de 2,5 milhões de anos atrás. Em todo caso, devese parar e ficar admirado com este drama no qual os humanos estão vagando, pensando, trabalhando, se unindo e sofrendo, há milhões de anos e, ao longo de todos os momentos dessa longa jornada, temos estado cobertos pela luz do começo dos tempos. A dádiva da ventura científica é a capacidade de ver o que estava aqui o tempo todo. E a compreensão sumária alcançada por esse longo processo de pesquisa pode ser definida simplesmente como: *O lugar de origem do universo, de onde brotou pela primeira vez a existência, está há quinze bilhões de anos-luz da Terra.*

A maioria dos físicos considera essa descoberta do lugar de origem do universo como a mais significativa do século XX. Esta é uma tarefa enormemente complexa, envolvendo milhares e, no final das contas, milhões de cientistas. Foi somente devido à investigação cuidadosa e esmerada do universo – coletando dados, desenvolvendo novas linguagens matemáticas, debatendo as muitas interpretações – que o conhecimento do lugar de origem, finalmente, foi assegurado. Nessa exploração do centro cósmico, a transmissão de informação a respeito das descobertas da ciência moderna é, naturalmente, um objetivo básico. Mas o maior desafio é identificar os significados que essas descobertas têm para a existência humana. Essas notas estão enraizadas numa única e central convicção a respeito da nossa descoberta do lugar de origem do universo, uma convicção que exporei brevemente aqui e à qual voltarei ao longo do texto.

Quatrocentos anos de ciência moderna chegam agora a um momento culminante com a descoberta do lugar de origem do universo. Certamente, a irrupção da ciência no século XVI foi destrutiva, não apenas para a visão de mundo européia, mas para todas as visões de mundo tradicionais com as quais a ciência teve contato. Mas, agora, essa fase destrutiva está no seu final e se inicia um período de integração. Muito embora a violenta rejeição pela ciência de todas as tradições culturais e tribais tenha sido nociva ao extremo e, muito embora se possa observar a veemência com a qual religiosos fundamentalistas em todo o planeta rejeitam qualquer compromisso com a moderna cultura científica secular, a oportunidade de nossa época é integrar a compreensão científica do universo com intuições mais antigas a respeito do significado e destino do homem. A promessa desse trabalho é a de que, por meio desse empreendimento, a espécie humana como um todo começará a abraçar um significado comum e um programa coerente de ação.

Uma maneira de identificar o significado do que está ocorrendo é dizer que a ciência agora ingressa na sua fase de sabedoria. Essa apresentação sobre a nova cosmologia é parte da nossa exploração contemporânea da sabedoria presente nas grandes descobertas do empreendimento científico como um todo. Aqui, somos desafiados a compreender o significado do empreendimento humano no seio de um universo em evolução. Sobre o nosso sucesso em responder a esse desafio reside a vitalidade de enorme parte da Comunidade da Terra, incluindo a qualidade de vida que todas as crianças do futuro desfrutarão.

Ao abordar a descoberta do centro do cosmos, precisamos ter em mente que isso nada tem que ver com a descoberta do Grand Canyon. Se eu estivesse entre os primeiros paleoíndios para ver o Grand Canyon e quisesse compartilhar isso com uma amiga, apenas a levaria lá e apontaria as grandes paredes vermelhas, as rochas esfareladas cozidas pelo Sol, o murmúrio distante do rio que corre escondido no vale.

Embora o lugar de origem do universo tenha dimensões físicas e possa ser, num sentido, apontado, é uma realidade de um tipo diferente daquela do Grand Canyon, do elefante africano ou da Capela Sistina. Afinal, se esse centro fosse do tipo de realidade que pudesse ser simplesmente apontado e reconhecido com um olhar, sua descoberta não teria exigido milhões de cientistas trabalhando incessantemente durante quatro séculos.

Algumas descobertas, precisamente porque revelam uma verdade imensa, são difíceis de transmitir. Imagine como deve ter sido para o animal que primeiro descobriu a autoconsciência. Penso que essa descoberta se parece com a nossa tanto na sua significação quanto na sua dificuldade de transmissão. Agora, a autoconsciência é tida como coisa certa, mas, no passado, houve um momento em que ela apareceu pela primeira vez na Comunidade da Terra. Algum animal ingressou nessa experiência sem compreender o que estava acontecendo, pois nenhum outro animal havia vivido esse modo de existência antes. Embora não seja possível saber agora onde ela começou, vamos imaginar que ela tenha ocorrido numa antiga forma do ser humano, um hominídeo pioneiro, que acorda para o atemorizante fato da consciência, no alvorecer da história humana.

Subitamente, esse animal não apenas estava consciente da floresta; subitamente, ele também estava consciente de que estava consciente. O animal podia ver o rio e ouvir os mosquitos como sempre, mas, agora, notava que era ele que estava vendo e ouvindo. Era ele, um indivíduo, um eu individual, que estava consciente de tudo isso. A descoberta da autoconsciência foi a descoberta, que alguém fez, de que ele mesmo estava desfrutando tudo isso.

Se você fosse esse primata, ansioso para contar a seus companheiros sobre a sua descoberta, como você tentaria fazê-lo? Apontar um dedo funcionaria? Talvez. Mas é difícil imaginar o que deveria ser apontado para indicar a autoconsciência. Talvez você pudesse trazer seus companheiros para uma lagoa e apontar-lhes o reflexo de seus rostos. Isso poderia funcionar. Mas talvez não. Talvez algo mais estranho funcionasse. Talvez fingir um acesso de raiva dando furiosos saltos para trás, enquanto dava uivos para a Lua. Talvez esse fosse o truque.

Embora não saibamos como esses animais primitivos se comunicavam, nós sabemos que eles fizeram alguma coisa que funcionou, pois a autoconsciência se alastrou, talvez aflorando em diversos lugares antes de finalmente se fixar como um aspecto universal em pelo menos um grupo, o *Homo sapiens.* À medida que esses animais primitivos ingressaram na autoconsciência, eles não despertaram para uma coisa ou para um evento, mas, antes, para uma realidade de cada coisa e de cada evento. Despertaram para uma realidade que, num sentido, tinha sempre estado à mão, muito embora fosse impossível apontá-la de uma maneira simplista.

Nessa exploração, eu objetivo uma linguagem que aponte coisas como as estrelas, os planetas e os pinheiros, mas que, em outro nível, carregue um convite para uma viagem ao centro do universo. A chegada ao centro é, simultaneamente, um evento físico e não-físico. A chegada ao centro envolve a compreensão do que nós aprendemos sobre o universo e, então, lentamente, incorporar essa compreensão à vida diária.

Aprender sobre o centro do universo nem sempre é uma experiência agradável. Estaremos discutindo idéias que, às vezes, se opõem à grande parte do que ordinariamente tomamos como verdadeiro a respeito do mundo. Isso nem sempre é agradável, porque pode ser perturbador lidar com questões que dizem respeito às fundações do universo. Mas não há como contornar isso. A descoberta do lugar de origem do universo exige esse esforço.

Como seria conveniente se a verdade fosse um seixo brilhante que pudéssemos apanhar na praia e pôr em nosso bolso. Abaixar-se, apanhá-lo e é nosso. Certamente, alguma verdade pode ser apreendida desse modo. "Se eu tivesse macarrão para o almoço de hoje" requer pouco esforço para ser compreendido. Mas verdades profundas nos desafiam profundamente. Entendê-las exige uma mudança em nós mesmos junto com um salto criativo da imaginação.

Precisamos lembrar que descobrir o centro do universo tomou aos mais brilhantes representantes da humanidade quatro séculos de investigação ininterrupta. Mesmo depois da descoberta, alguns dos mais geniais de todos os cientistas, em particular Albert Einstein, fracassaram em apreender o que era que tinham descoberto. Se a descoberta exigia tanto e chocava algumas das mentes mais apuradas de nossa espécie, deveríamos nos preparar para grandes esforços na tarefa de apreender essa nova verdade.

Em certa época, a autoconsciência estava viva apenas em uma mínima fração dos humanos existentes. Mas o destino da espécie foi alterado para sempre quando essa forma de consciência surgiu em números crescentes até o momento que se tornou a característica determinante da humanidade. Ocorre o mesmo conosco. Uma nova forma de consciência está começando a surgir numa pequena parcela dos *Homo sapiens* contemporâneos. Assim como os primatas autoconscientes primitivos, estamos surpresos com a nova consciência e, quando vamos falar dela, descobrimos que não possuímos maneiras fáceis, estabelecidas ou eficientes de transmitir esse modo de consciência.

Talvez, no futuro, tenhamos inventado uma multiplicidade de modos para comunicar essa consciência. Mas, aqui, estou apresentando a abordagem que conheço melhor, o antigo processo da cosmologia. Ele consiste, simplesmente, numa contemplação sustentada dos modos do universo, com atenção especial, no nosso caso, para o conhecimento que obtivemos pela observação e pela meditação cuidadosa dos últimos quatrocentos anos. Aprendendo os modos do universo e refletindo sobre eles, conforme brotam na vida diária na família, no trabalho e na comunidade, damos os primeiros passos para uma nova forma de entendimento e da existência humana.

2

Uma Linhagem de Trezentos Mil Anos

* * *

Os humanos têm assumido essa tarefa cosmológica há muito tempo. Eu celebro os novos e admiráveis resultados da nossa moderna investigação científica, mas precisamos lembrar que esse empreendimento da cosmologia – as explorações da origem, do desenvolvimento e do destino do universo – tem estado conosco desde o começo. Mais espetacularmente, temos as pinturas nas cavernas que remontam a vinte mil anos atrás, no sul da Europa, quando nossos ancestrais rastejavam durante dias através dos labirintos das cavernas para se reunir em grandes galerias subterrâneas para suas celebrações religiosas. Outros artefatos de admiração cosmológica remontam há talvez quarenta mil anos e alguns arqueologistas suspeitam que nossos ancestrais humanos se reuniam em cavernas há pelo menos trezentos mil anos, já, então, assombrados pelos mistérios do cosmos que os enchiam de terror e encantamento.

Nenhum dos outros animais do mundo precisa se dedicar a essas reflexões. Eles vêm ao mundo e suas relações básicas são dadas por programas genéticos que foram modulados durante milhões de anos. Todos, exceto os humanos, conhecem o seu lugar no mundo. Mas o ser humano requer algo diferente, algo mais que códigos genéticos. Ele requer uma orientação cultural. Nós não recebemos uma forma fixa e final para a nossa orientação na vida, mas temos de descobri-la e aprofundá-la por meio dos processos de desenvolvimento psíquico.

Não é por não termos respostas para a pergunta "O que significa ser humano neste universo?". Antes, é porque temos tantas respostas diferentes que precisamos parar e ponderar sobre o universo de maneira a escolher nossas relações mais férteis e corretas.

Concebe-se que já há trezentos mil anos os humanos se aconchegavam à noite para considerar e celebrar os mistérios do universo de modo a encontrar seu caminho através do Grande Mundo que habitam. Não importa em que continente eles vivessem, qual a sua cultura ou em que época, o exercício da cosmologia ocorria todos os anos, todos os meses e todos os dias – ao redor do fogo nas planícies africanas, nas cavernas das florestas européias, sob o brilhante céu noturno da Austrália, nas tendas da América do Norte. Lá, as pessoas contavam as histórias sagradas de como o mundo veio a existir, do que o ser humano traz ao universo, do que é necessário para ter uma vida nobre no seio do Grande Sagrado que é o universo.

Eu digo que todas as culturas fizeram isso, mas é claro que essa não é exatamente a verdade. Pois nós, humanos contemporâneos, não o fazemos. A humanidade moderna parece ser a primeira cultura a romper com essa tradição primordial de celebrar os mistérios do universo. Quando aprendemos sobre outras culturas que o fazem, temos um sentimento de superioridade ou nostalgia, dependendo da avaliação que fazemos dessas culturas. Se consideramos o empreendimento científico como nos libertando de superstições primitivas, olhamos com piedade para esses primitivos que devotavam tanta energia para o ensino de fantasias sobre o universo. Por outro lado, se pensamos que culturas anteriores, ou as primitivas, sabiam algo importante sobre o universo que escapa completamente aos nossos modos de conhecimento, somos tomados pelo triste sentimento de que essas experiências não são possíveis para nós atualmente.

A moderna sociedade industrial faz de modo diferente. Questões de valor e significado fundamentais não são tratadas em cavernas ou nas planícies abertas, mas nas igrejas, mesquitas e templos. Ali, a cada final de semana, bilhões de humanos se reúnem para refletir sobre seu relacionamento com o divino – seja ele abordado sob a tradição de Deus, Alá, Brahma ou o Grande Espírito. Em todos esses milhões de cerimônias religiosas semanais, tão essenciais para a saúde e a espiritualidade da humanidade como um todo, se descobrirá uma enorme diversidade de celebrações religiosas, mas, apenas raramente, alguém irá encontrar uma contemplação séria dessas questões humanas primordiais *no contexto do universo real, um universo de estrelas, continentes, anfíbios e oceanos.*

Certamente, nas escrituras do mundo e nos rituais religiosos realizados a cada semana, há usos poderosos de palavras como “água”, “céu”, “Sol” e “chuva”. Mas elas são usadas antes num sentido simbólico que literal. Por exemplo, “água” poderia ser usado como um sinal da ação salvadora de Deus, mas não para indicar a hidrologia do Rio Mississippi. A evidência disso está na nossa própria mente: para nós, o

Rio Mississippi e Deus não se cruzam realmente. Deus tem que ver com as revelações divinas de amor, salvação, caridade para com os pobres, os episódios da Bíblia, enquanto a frase "a hidrologia do Rio Mississippi" conota várias coisas "físicas", como as moléculas de H_2O, as barragens do Corpo de Engenheiros do Exército ou as leis que tratam do direito sobre a água – e tudo isso entendido como separado de questões sobre Deus e finalidade.

O resultado é que, nas nossas religiões, quando de fato ponderamos sobre as profundas questões de significado no universo, o fazemos num contexto fixado no tempo e no espaço quando as escrituras clássicas alcançaram sua forma escrita. Não realizamos cultos, nem contemplamos, no contexto do universo, como viemos a conhecê-lo ao longo desses últimos séculos, um contexto que inclui a diversidade das espécies dos Montes Apalaches, o desenvolvimento de milhões de anos do ecossistema que nos envolve, os intrincados processos do genoma humano, a dinâmica estelar que deu nascimento à Terra cinco bilhões de anos atrás ou qualquer outra coisa que seja tanto específica como verdadeira a respeito da Terra e do universo. Tudo isso – a Terra e o universo, como eles são e como funcionam atualmente – é considerado como "ciência", algo separado das questões de significado e valor com que as religiões lidam.

Os humanos modernos, em vez de se reunirem nas cavernas ou catedrais para dançar a música e a poesia como maneiras de aprender seu lugar no universo, sentam-se em salas de aula e estudam ciências. Certamente, essa educação de ciências é fundamental para a sobrevivência da humanidade. Os desafios que hoje nos cercam se tornarão ainda mais ameaçadores para nossos filhos e para seus filhos, e precisamos da melhor ciência e tecnologia de que sejamos capazes. Mas, em lugar nenhum, na educação da ciência – nem na Europa, nem na Ásia ou nas Américas – o papel fundamental e o significado do ser humano e do universo é tratado de uma forma significativa. A suposição dominante é que a ciência diz respeito a fatos, enquanto significado, propósito e valor são domínios da religião.

A tragédia aqui é que nossas religiões continuariam fiéis à sua essência se pensassem e trabalhassem dentro do contexto mais amplo do universo. O que não significa afastar-se das verdades religiosas centrais. Pelo contrário, expressas no contexto da dinâmica do universo em desenvolvimento, as verdades essenciais da religião encontrariam uma forma mais ampla e mais profunda. A redefinição não seria uma concessão, nem uma diminuição, nem uma depreciação; seria uma realização surpreendente e criativa, cujo significado vai além das mais otimistas avaliações atuais do valor da religião.

Durante a era moderna da humanidade, o antigo empreendimento cosmológico foi destruído, não por algum acontecimento acidental, mas pelos modos de pensamento enraizados nos valores centrais básicos do nosso mundo moderno. A divisão entre ciência e religião pode ser defendida com bibliotecas de textos filosóficos dos pensadores modernos e montanhas de instruções legais. Somos impedidos de nos engajar na investigação cosmológica precisamente porque os processos institucionais do mundo moderno mantêm os seres humanos à parte dessas questões.

Mas, se os humanos, para se tornarem plenamente humanos, necessitam verdadeiramente refletir sobre o universo para descobrir seu lugar na natureza, e se essa tradição de trezentos mil anos está enraizada nas exigências da nossa composição genética, então descobriremos nosso caminho até as idéias que dizem respeito ao papel apropriado do ser humano no universo, de um jeito ou de outro. E se as instituições religiosas ou educacionais decidiram, por quaisquer bem defendidas razões, abdicar desse papel, alguém, em algum outro lugar, dará um passo à frente e o resgatará.

Onde somos iniciados no universo? Para responder, precisamos refletir sobre o que nossos filhos sentem constantemente, à noite, numa situação semelhante àquela das crianças no passado, que se reuniam em cavernas e ouviam os cânticos dos mais velhos. Se pensamos em termos de quantidade pura de tempo, a resposta é imediata: a caverna foi substituída pela sala de televisão e os cânticos pela propaganda. Poderia dizer-se que o cântico foi substituído pelo *show* de televisão, mas, na essência de cada programa, dirigindo a ação e determinando se ele sobreviverá àquele mês ou não, está a propaganda. Essa é a mensagem essencial que estará lá noite após noite, ano após ano. Programas de televisão como *Bonanza, Cheers* e *Cosby* vêm e vão; mas a propaganda permanece.

Qual é o efeito disso sobre nossas crianças? Antes que uma criança tenha sua primeira aula de ciências do seu primeiro ano, e antes de ingressar de qualquer maneira real nas nossas cerimônias religiosas, ela já terá sido mergulhada em trinta mil propagandas. O tempo que nossos adolescentes gastam absorvendo propaganda é maior que o total de sua permanência no segundo grau. Nenhum de nós se sente bem sobre isso, mas, em geral, nós o ignoramos. É um fundo. Apenas está lá, é parte do que está acontecendo. Nós aprendemos a aceitá-lo há tanto tempo que dificilmente alguma vez voltamos a pensar nele.

O fato de que o consumismo tornou-se a fé mundial dominante é amplamente invisível para nós; por isso, é útil compreender claramente que entregar nossas crianças para a cultura de consumo é colocá-las aos cuidados dos pregadores religiosos mais sofisticados do planeta.

Mas imagine como nos sentiríamos diferentes se ouvíssemos falar de um país que programasse dessa maneira sua população com seus dogmas religiosos. Na verdade, foram afirmações como essas, a respeito dos líderes da antiga União Soviética, que nos indignaram por décadas: o pensamento de que pegavam as crianças e as submetiam a lavagem cerebral com as mentiras soviéticas, removendo seus sentimentos naturais pelos pais, por Deus ou pela verdadeira História, e substituindo-os pelas suposições necessárias para que sua ditadura continuasse sua dominação opressiva.

Mergulhados na religião do consumismo, somos incapazes de fazer seriamente essas comparações. Repetimos para nós mesmos clichês reconfortantes, tranqüilizadores, como o fato óbvio de que as propagandas de televisão não são impostas por nenhuma ditadura política. Dizemos que as propagandas são simplesmente os esforços das nossas empresas para nos interessarem nos seus diversos produtos. Mas, como com qualquer realidade a que raramente damos atenção, pode estar acontecendo bem mais do que estamos nos dando conta. A enorme quantidade de tempo que passamos no mundo da propaganda sugere que nós bem poderíamos dedicar um momento para examiná-lo mais cuidadosamente.

É claro que os publicitários não são algumas pessoas más com desígnios malignos. Eles estão apenas fazendo o seu trabalho. Por outro lado, também podemos dizer que sua preocupação primordial não é, explicitamente, o bem-estar de nossas crianças. Por que deveria ser? Seu objetivo é criar propagandas que sejam bem-sucedidas para suas empresas, e isso significa conseguir que o telespectador se interesse pelos seus produtos. Mas já podemos ver que essa situação é menos que desejável. Afinal, nós, pais, exigimos que os professores de nossas crianças, para tomar apenas um exemplo, tenham em mente, em primeiro lugar, o melhor para nossas crianças. Esses professores formam nossos filhos quando eles são novos e vulneráveis, assim, é claro, queremos que essa formação seja feita apenas por pessoas que se preocupam com elas. Assim, entregar tanto das jovens vidas de nossas crianças para pessoas que obviamente não têm em mente, em primeiro lugar, o bem-estar delas é, no mínimo, questionável.

Mas, num nível mais profundo, o que precisamos enfrentar é o poder dos publicitários para promulgar uma visão de mundo, uma minicosmologia, baseada na insatisfação e na ansiedade.

Um dos clichês sobre como fazer uma propaganda expressa essa idéia sucintamente: "A tarefa de uma propaganda é deixá-los infelizes com o que têm."

Raramente pensamos sobre a propaganda como tendo visões de mundo explícitas, e é por isso, precisamente, que elas são tão eficientes. A última coisa sobre a qual queremos pensar quando estamos relaxando recostados no sofá é na filosofia que está por trás da propaganda. Assim, enquanto engolimos tudo isso, ela vai afundando profundamente na nossa psique. E se isso acontece numa alma adulta, imagine quantos danos mais são feitos à psique de nossas crianças, que não têm quaisquer dos nossos cinismos protetores, mas mergulham nas imagens e mensagens como se elas viessem dos pais ou de um professor confiável.

Os publicitários no mundo empresarial têm, é claro, a oferta de recompensas lucrativas e, com essa vantagem financeira, nossas empresas atraem seres humanos dos mais altos níveis de QI, nossos melhores talentos artísticos e todo ídolo esportivo ou estrela do cinema que queiram comprar. Combinando tanto poder cerebral e *status* social com sofisticadas artes visuais eletrônicas e as mais penetrantes técnicas psicológicas, essas equipes de adultos altamente inteligentes assaltam a todos nós – mesmo crianças ainda fora da escola – com o simples desejo de criar insatisfação pela nossa vida e desejo por mais um artigo de consumo. É difícil imaginar que uma criança tenha as capacidades necessárias para sobreviver a uma disputa tão desigual, especialmente quando é realizada dez mil vezes por ano, sem nenhum preservativo cultural capaz de bloquear a entrada do vírus do consumismo. Haveria uma criança, mesmo no mundo todo, capaz de suportar esse violento ataque e sair ilesa? É extremamente duvidoso. Junte tudo isso e poderá ver por que não é um grande mistério que o consumismo tenha se tornado, atualmente, a fé mundial dominante em todos os continentes do planeta.

A idéia que eu quero apresentar não é apenas que nossas crianças sejam essas presas fáceis. Não é apenas que esse caudaloso rio de propagandas determine os tipos de calçados que nossas crianças desejam, os tipos de roupas, brinquedos, jogos e alimentos que elas devem ter. Não é apenas a infelicidade que toma conta delas quando não podem ter essas comodidades, uma infelicidade que em muitos casos leva aos piores tipos de violência para obter pela força o que seus pais não querem ou não podem lhes dar. Tudo isso é de grande importância, mas o ponto que eu quero abordar aqui tem que ver com a questão de como somos iniciados no mundo.

É pela propaganda que nossas crianças recebem sua cosmologia, sua apreensão básica do significado do mundo, que representa sua primeira fé religiosa, embora não reconhecida como tal. Uso a palavra "fé", aqui, para expressar a cosmologia no nível pessoal. Fé é aquilo que uma pessoa aceita como sendo a verdade intocável sobre a realidade. A propaganda é o primeiro veículo de nossa cultura para fornecer às nossas crianças suas cosmologias pessoais. Quando esse fato tenebroso vem à consciência, a primeira reação saudável é de negação. É simplesmente muito terrível pensar que vivemos numa cultura que substituiu o desenvolvimento espiritual autêntico pelo materialismo grosseiro da propaganda. E mesmo quando alguém compara os miseráveis esforços que empregamos no desenvolvimento moral com as energias colossais e desvairadas que despejamos na propaganda, é como comparar uma partida de futebol escolar com a Segunda Guerra Mundial. Nada do que acontece numa hora do final de semana causa o mais leve abalo no bombardeio estratégico que acontece, dia e noite, cinqüenta e duas semanas do ano.

Talvez as crianças mais recalcitrantes venham a requerer acima de cem mil propagandas antes que cedam e aceitem a visão básica do consumismo. Mas, no final, todos captamos a mensagem. É uma cosmologia simples, expressa com grande efeito e difundida um bilhão de vezes todos os dias, naturalmente não apenas para americanos, mas para quase qualquer um que esteja no alcance planetário da propaganda: *os seres humanos existem para trabalhar em empregos, ganhar dinheiro, ter coisas.* A imagem do ser humano ideal também é encravada profundamente na nossa mente pelas intermináveis ladainhas da propaganda. O ideal não é Jesus ou Sócrates. Esqueça tudo sobre Rachel Carson, Confúcio ou Martin Luther King Jr., e sobre todo o sofrimento, amor e sabedoria deles. Nas imagens da propaganda, as pessoas ideais, os seres humanos plenamente humanos, são tranqüilos e despreocupados – bebendo Pepsi à beira de uma piscina – alheios a idéias poderosas a respeito da natureza da virtude, jamais perturbados por visões de sofrimento que poderia ser aliviado se os seres humanos estivessem comprometidos com a justiça. Nada disso jamais aparece. Na religião da propaganda, a tarefa da civilização é muito mais simples. O significado fundamental da existência humana é ter todas essas coisas. Isso é o paraíso. E o significado da Terra? Coisa de consumo pré-manufaturada.

Aqui, só mencionei a televisão, mas, é claro, essa é simplesmente uma parte do programa. No esforço para alcançar uma conscientização mais plena precisamos trazer à mente os anúncios murais da beira das estradas por que passamos, os textos no verso das embalagens de nossos alimentos, as cinqüenta mil revistas abarrotadas com figuras lustrosas, as merendeiras embrulhadas com propagandas de brinquedos, um trilhão de comerciais de rádio, os convites lançados nos programas de vídeo, as seduções que são despejadas no telefone quando penduram nossas chamadas, os logotipos de empresas decalcados em nossas roupas e desfilados em todos os lugares, e assim por diante. Literalmente em todos os lugares da Terra, a propaganda continua sua campanha para tornar-se onipresente, indo até mesmo para o espaço na superfície de nossas cápsulas.

Nada do que eu disse aqui a respeito de propaganda e dos seus efeitos sobre as crianças será novidade para os educadores que, por décadas, têm lamentado essa situação opressiva na América. Entretanto levanto o assunto por duas razões.

O fato de que o consumismo tornou-se a fé mundial dominante é bastante invisível para nós; assim, é valioso entender claramente que entregar nossas crianças para a cultura de consumo é colocá-las aos cuidados dos pregadores religiosos mais sofisticados do planeta. Se aqueles cultos bizarros sobre os quais lemos nos jornais usassem ao menos um centésimo dos engodos deslumbrantes dos nossos publicitários, eles seriam caçados pelo Ministério da Justiça e atirados na cadeia imediatamente. Mas nas sociedades americana, européia e japonesa, e cada vez mais em outros lugares, estamos tão cegos pela propaganda onipresente que nunca pensamos em enfrentar os publicitários e exigir que parem. Pelo contrário, como se nós mesmos fôssemos membros desse culto, pagamos a eles altos salários e ainda, de quebra, entregamos as nossas crianças.

A segunda razão para trazer à tona a dominação dos publicitários sobre nós tem a ver com o meu objetivo fundamental de apresentar uma nova cosmologia. Se tomarmos consciência da maneira como o materialismo da propaganda é o principal modo de nossa cultura formar nossas crianças e se o acharmos inaceitável, resta-nos a tarefa de inventar novas maneiras de introduzir nossas crianças, adolescentes, adultos jovens, pessoas de meia-idade ou velhos ao universo. Essas notas sobre a nova cosmologia estão baseadas na compreensão contemporânea do universo e alimentadas pelas nossas mais antigas convicções espirituais a respeito do seu significado. Essas notas são, então, um primeiro passo para fora da religião do consumismo e na direção de um modo de vida baseado na convicção de que vivemos num universo sagrado.

3

O Sistema Solar em Turbilhão

As primeiras cosmologias consideravam a Terra o centro do cosmos. Essa idéia é tão comum entre os povos dos diversos continentes que a noção da centralidade da Terra no universo poderia ser vista como uma intuição cosmológica primordial da humanidade. Numa forma particular disso, a européia ocidental, podemos desfrutar de uma expressão suprema da cosmologia geocêntrica espraiada pelo teto da Capela Sistina. Lá, Michelângelo conta a história da criação em nove painéis. A história começa com Deus criando a Terra e termina com o drama humano de pecado e salvação no centro do universo. Outras civilizações clássicas se apóiam em concepções geocêntricas semelhantes, e todas elas diferem radicalmente da nossa visão atual do universo.

O esforço científico moderno começou com a destruição da cosmologia geocêntrica comum da humanidade. Em 1543, Nicolau Copérnico, um obscuro astrônomo polonês, anunciou que o Sol era o centro do mundo. "Anunciou" não é a melhor palavra. Seguramente, naquela época, como hoje, as pessoas estavam anunciando todo tipo de coisas.

Algumas pessoas anunciavam que a Terra era plana. Outras, que o Sol era Rá. A diferença, no caso de Copérnico, era que ele apresentava um livro com seu anúncio que fornecia uma maneira de compreender que o Sol era o centro em torno do qual os planetas se moviam.

O que precisamos avaliar aqui é a ousadia de toda essa operação. Talvez por centenas de milhares de anos os seres humanos tiveram como óbvio que a Terra era o centro do universo. Aqueles seres primitivos teriam ficado profundamente confusos por qualquer sugestão de que o Sol ficava no centro e que a Terra estava girando ao seu redor. Essa idéia, para dizer o mínimo, está longe do óbvio.

Para as mentes ingênuas ou acríticas, o Sol é essa coisa quente no céu que viaja em volta da Terra todos os dias. Não podemos dizer de que tamanho ele é, mas não pode ser tão grande, porque você pode tapá-lo totalmente com apenas o seu polegar. A Terra, em contraste, é o mundo inteiro! É um lugar com grandes oceanos e mudanças de marés, vastas cadeias de montanhas e furacões assustadores! Um lugar de nevascas e avalanches!

Para a consciência humana primitiva e ingênua, a Terra era obviamente o lugar mais estável do universo. Ela continuava firme ano após ano, enquanto as estações iam e vinham, e as estrelas, os planetas, o Sol e a Lua rodopiavam ao redor dela. Deslocar-se dessa compreensão ingênua e totalmente natural para uma visão que é profundamente "não-natural" e nada intuitiva certamente foi um passo estranho e perigoso para dar.

A grandeza de Copérnico é que, com seu livro, ele fornecia um processo pelo qual os mais avançados pensadores da Europa podiam vir a apreender essa verdade nova, sutil, perturbadora e surpreendente – o Sol fica no centro do sistema solar, enquanto a Terra, Marte, Júpiter e todos os planetas circulam em torno dele. Para estimar a grandeza de Copérnico e dos outros fundadores da compreensão científica moderna é preciso avaliar suas conquistas a partir da perspectiva da evolução biológica. Desde o tempo em que começou a talhar seus primeiros utensílios, a humanidade precisou de dois milhões de anos para desenvolver uma maneira de ver além das suposições ingênuas e naturais sobre a Terra e o Sol, e chegar a uma compreensão mais firmemente enraizada no funcionamento concreto do universo. Os primeiros cientistas modernos, então, não apenas ofereceram ainda outra idéia cultural; eles quebraram uma tradição de dois milhões de anos da ciência humana, pois introduziram conhecimentos que estavam tão distantes do senso comum que se opunham totalmente ao que parecia inquestionavelmente verdadeiro.

A natureza monumental do rompimento de Copérnico pode ser avaliada diretamente. Embora todos nós agora aceitemos o fato de que a Terra se move em torno do Sol, essa verdade foi efetivamente apropriada de *um modo corporal* por apenas um segmento minúsculo da humanidade. As violentas discussões culturais sobre a centralidade do Sol têm ido e vindo e, ainda assim, a maioria de nós, ao assistir um pôr-do-sol, tem uma experiência semelhante àquela vivida pelas pessoas da Idade Média quando assistiam a um pôr-do-sol, o qual era o mesmo que as pessoas assistiam nas civilizações clássicas, bem como nas eras Paleolítica ou Neolítica. Na verdade, essa experiência comum do pôr-do-sol é apenas o que qualquer primata teria vivido em qualquer época desde o mais remoto princípio da vida primata, setenta milhões de anos atrás. Todos nós vemos o Sol descer e cair além do horizonte imóvel e escuro. Depois, se formos questionados sobre o que estávamos fazendo, dizemos: "Eu estava vendo o Sol se pôr." Mas, se fôssemos solicitados a explicar o que havia acontecido, diríamos "Bem, você sabe, a Terra está girando, então parece que o Sol está se pondo".

Para mudarmos da consciência ordinária para um novo tipo de saber planetário, precisamos da transformação da nossa experiência que acontece simultaneamente com a nossa aquisição de conhecimento. Não basta simplesmente aprender mais fatos e conhecimentos sobre o universo. É necessário algo muito mais profundo e difícil. Esse novo desafio é difícil precisamente por causa da natureza contra-intuitiva das descobertas científicas. A ciência chega a verdades que não são parte da nossa natureza genética; assim, elas freqüentemente aparecem como estranhas e não-naturais. Mas, enquanto essas verdades forem deixadas de fora, como abstrações, estamos condenados a viver uma vida dividida.

Se considerarmos a situação em questão, podemos avaliar toda a dificuldade de forma concisa. Nossos hábitos de percepção da consciência primata fazem com que vejamos o Sol "se pondo". Nossos estudos teóricos e de observação, por outro lado, descobriram a revolução da Terra em torno do Sol. O que se precisa aqui é de um processo transformador onde se possa aprender a ver e sentir o mundo de uma maneira congruente com o que de fato está acontecendo. Essa transformação nos habilitaria a transcender a moderna condição dividida de experimentar o mundo de uma maneira, enquanto se sabe que a verdade sobre ele é outra.

Não conheço nenhum departamento de ciências no sistema de educação secundária americano onde uma mudança de percepção seja uma meta prioritária do currículo. Naturalmente, nosso enfoque tem sido dominado pela tarefa principal de acumular e produzir conhecimento. Aprender a perceber efetivamente um universo em evolução dinâmica pode acontecer, mas sempre de maneira casual, como produto lateral do enfoque prioritário. O que eu estou sugerindo é que essa transformação da subjetividade pessoal poderia se tornar uma meta explícita no próximo milênio, não considerada como substituição, mas como aperfeiçoamento da meta tradicional de aquisição do conhecimento.

Meu objetivo aqui não é simplesmente passar informações como se estivesse passando uma pilha de papéis para você. Quero apresentar o lugar de origem do universo de maneira que convide você a participar de uma transformação interior. Seria bom se uma pessoa aprendesse os fatos da nova História. Mas seria ainda melhor se fossem dados os primeiros passos para *viver* a nova História. Nós estudamos a História principalmente para viver a História.

Um evento criativo na nossa ascendência fornece uma imagem para o desafio que estamos enfrentando aqui. Se você voltar o bastante no tempo, descobrirá que todos os mamíferos tinham os olhos nos lados da cabeça. O que quer que eles quisessem olhar, veriam com um olho de cada vez, como um cavalo ou um rinoceronte hoje. Mas, então, um dia, um grupo particular desses mamíferos passou a viver nas árvores de uma floresta e as coisas começaram a mudar.

No novo desafio de um espesso emaranhado de galhos e cipós, seus olhos migravam juntos num longo e inconstante processo que, finalmente, resultou na visão estereoscópica e na sua profundidade de percepção. Esses novos mamíferos eram os primatas, e sua habilidade para julgar com grande precisão a distância da mão ao galho ajudou-os na sua triunfante disseminação pelas florestas dos continentes. Se considerarmos os primatas como um todo, podemos avaliar sua jornada como um único processo pelo qual aprenderam a se ajustar ao mundo que os cercava de uma maneira mais bem-sucedida do que a que tinham antes.

Hoje, nosso desafio é semelhante. Somos seis bilhões de seres humanos e precisamos aprender a viver uns com os outros, e com todos os outros dez milhões de espécies, de modo mutuamente benéfico. Atualmente, temos fracassado precisamente porque não conseguimos ver e compreender o que é isso que nos cerca. Para despertar, não precisamos de nada como as mudanças anatômicas que capacitaram os primatas a sobreviverem, mas de uma nova mente e de uma nova História que nos capacitarão a habitar esse *quantum* do cosmos evolutivo. Precisamos aprender a apreciar diretamente as mais sutis complexidades do todo contínuo, que é a natureza ou cosmos, o qual inclui os eventos dos nossos momentos bem como os grandes eventos do passado e os eventos ainda não criados a partir de agora. Quando aprendermos a apreciar o nosso mundo dessa maneira, teremos chegado a um novo modo de ser humanos, assim como os primatas chegaram a um novo modo de ser mamíferos.

Para dar um passo inicial a esse respeito, eu gostaria de abordar essa experiência específica de um pôr-do-sol. Qualquer pessoa que desejar pode transformar seus hábitos de percepção e aprender a ver, de maneira experimental direta, a Terra se afastando do Sol enquanto gira. A maneira mais simples de conseguir isso é sair uma hora antes do pôr-do-sol numa época em que Vênus esteja baixo no horizonte. Será útil se outro planeta também estiver visível, como Júpiter ou Marte, mas não é necessário. Um último ingrediente para esse processo é uma criança. Se você conseguir levar junto uma criança, ela provavelmente conseguirá fazê-lo primeiro, e o brilho de sua descoberta ajudará você a fazer o seu próprio avanço.

Comece dirigindo sua atenção para Vênus e, enquanto o fizer, mantenha em mente o modelo do sistema solar como meio de organizar a sua experiência. Assim, seja falando em voz alta ou considerando a situação em seus pensamentos, reveja os fatos básicos: "Vênus está a 100 milhões de quilômetros do Sol, cerca de um terço mais perto que a Terra, que está a 140 milhões de quilômetros. E lá, mais alto no meu campo de visão, está Júpiter, a 770 milhões de quilômetros do Sol. Todos nós três estamos nos movendo num único plano em torno do Sol." E assim por diante. Os números reais nem sequer são necessários aqui. O que é preciso ter em mente é o simples fato de que estamos lidando com grandes distâncias e que – quanto aos três planetas – Vênus é o mais próximo do Sol, depois a Terra, depois Júpiter, e todos os três se movem num plano em torno do Sol.

Simplesmente por se concentrar na experiência e vê-la através do modelo teórico da forma do sistema solar, acontece um momento maravilhoso em que você descobre tudo isso de uma vez: você sente de maneira vívida, imaginativa e direta a Terra movendo-se lentamente para longe do Sol. Você tem a sensação do plano no qual os planetas se movem e até um reconhecimento inicial da grande distância para Vênus. Você também sente, e talvez pela primeira vez na sua vida, a imensidão da Terra enquanto ela gira distanciando-se do Sol. Isso acontece num lapso de tempo. Você é atravessado por um único e surpreendente estremecer e nota que está de pé em alguma coisa como uma baleia cósmica, que está girando lentamente o seu grande corpo na superfície de um oceano invisível.

É verdade que, logo depois, voltamos instantaneamente para nossa maneira cotidiana de viver o mundo. Mas se, mesmo por um momento, você entrar nessa experiência mais ampla do mundo, será capaz de entrar de novo no futuro, e mais facilmente. Os primeiros portais são a aurora e o crepúsculo, mas, à medida que você for ficando mais capacitado, você pode aprender a apreciar a si mesmo na Terra – que rodopia em meio ao sistema solar circundante – a qualquer hora e em qualquer lugar. Em momentos como esse, você continua, é claro, a ser a pessoa que você é no planeta, mas também se torna um planeta vivo orbitando ao redor de uma estrela.

Quando você aprende a sentir diretamente a imensidão da Terra afastando-se do Sol, você pode dar o passo seguinte e senti-la girando em torno do Sol.

Embora digamos "A Terra faz revoluções em torno do Sol", a verdade é ligeiramente diferente. O Sol também está se movendo, embora não tanto quanto a Terra. Uma imagem que pode ajudar a fixar isso na mente é aquela do martelo quando lançado numa competição olímpica. Ali, uma pessoa gira um martelo seguidas vezes em torno de si e, então, o arremessa no espaço. Um exame cuidadoso do movimento mostraria que o atleta não está num centro fixo do movimento circular, mas que ambos, ele e o martelo, fazem revoluções em torno de seu centro comum de gravidade. O atleta não se move num círculo tão grande quanto o martelo, porque pesa muito mais que o martelo; e, de maneira semelhante, o Sol não se move de nenhum modo tanto quanto a Terra, porque ele é muitíssimo mais pesado. Contudo, o Sol se move num minúsculo círculo à medida que ele e a Terra fazem revoluções em torno de um centro comum de gravidade. O ponto do centro de gravidade deles é no interior do Sol, mas não é no centro do mesmo.

Se, de novo, na aurora ou no crepúsculo, você contempla a mesma situação, com Vênus no céu e uma criança ao seu lado, você pode ter a sua primeira apreciação real do movimento da Terra em torno do Sol e da minúscula oscilação do Sol em resposta.

Aqui, um fato adicional ajudará na sua contemplação. O tamanho do Sol é de aproximadamente um milhão de vezes o da Terra. Logo, se você começar sua contemplação com uma noção da imensidão da Terra e, agora, imaginar aquele ser quente e brilhante no horizonte como contendo um milhão de Terras, você pode começar a sentir a maneira pela qual a enorme extensão do Sol impele a Terra, e todos os outros planetas, na sua órbita anual. Aqui, o passo crucial é conscientizar-se do fato do poder gravitacional do Sol. A Terra é um planeta imenso e está se movendo ao redor do Sol *pelo poder do Sol.* Isso é algo que ele está *fazendo* em todos os instantes de todos os dias. Somos sustentados por ele. Se o Sol nos libertasse do nosso vínculo com ele, seríamos lançados nas profundezas do espaço.

Como antes, uma nova consciência virá numa mudança repentina, onde uma porta se abre e você se sente escorregar numa consciência inesperada e desorientadora. Ela é desorientadora não no sentido de uma confusão irritada – pois a experiência não é, de modo nenhum, irritante mas, pelo contrário, geralmente é prazerosa; é desorientadora no sentido de uma perda das bases, como se pela primeira vez na vida você tivesse fechado os olhos e saltado num tanque de água fria, e estivesse, subitamente, ficando sem peso sem que seus pés e mãos toquem em nenhum apoio.

As palavras são pateticamente inadequadas para expressar essa experiência cosmológica. O inglês moderno, como língua viva, foi criado ao longo dos últimos cinco séculos por seres humanos que não viviam essa experiência específica; então, qual é a possibilidade de que ele contivesse os verbos, adjetivos, metáforas e imagens retóricas necessárias para descrevê-la? Aqui, não há uma formulação lingüística que tornaria desnecessário o seu contato direto. Para compreender plenamente isso, é preciso sentar-se e esperar que o universo entre.

Mas se você assim o fizer, tornar-se-á um entre um número muito pequeno de seres humanos *que vivem efetivamente no sistema solar*. A maioria dos humanos não vive na Terra que gira e faz revoluções em torno do Sol. Em vez disso, vivemos numa fantasia que considera a Terra como um lugar fixo, onde o chão é sempre fixo; que considera o planeta apoiado, de algum modo, sobre uma grande placa de cimento. Mas contemplar o sistema solar até que você sinta a grande Terra girar, afastando-se do Sol e até que sinta esse imenso planeta sendo movido ao redor do seu gigantesco parceiro cósmico é tocar um oceano de maravilhas quando você dá o primeiro passo para habitar realmente o universo, o sistema solar e a Terra.

É claro, tudo isso é muito inconsistente. Essa nova orientação cosmológica, mesmo se sentida com profundidade, logo será desintegrada quando formos lançados de volta ao materialismo niilista dominante na nossa sociedade. Essa é a situação em que nos encontramos hoje, e temos de começar por algum lugar. Mas é útil refletir sobre como, no próximo milênio, cada dia poderia ser cheio de oportunidades para vivenciarmos a verdade deste nosso universo infinitamente complexo. Quando você cumprir suas tarefas amanhã, apenas imagine cada propaganda sendo substituída por um trabalho de arte, um ritual ou uma técnica educacional planejada para estabelecê-lo num universo em desenvolvimento. Somente numa cultura assim essa nova orientação se tornará comum e natural.

Para a nossa vida, hoje, nossa apreciação do universo será breve e esporádica. Mas, mesmo se esses contatos, como os descrevi, são efêmeros, eles ainda assim habilitarão você a sentir a si mesmo e ao seu mundo, talvez pela primeira vez na vida, como planando em torno de uma estrela que flutua no enorme oceano do cosmos.

4

Cosmologia e Êxtase

* * *

Uma vez que a minha formação e a minha prática profissional são na área da ciência, compartilho inevitavelmente todas as deficiências da minha tribo, logo, em particular enfatizo o lado intelectual dessa experiência transformadora. Se a tarefa de iniciar seres humanos no universo fosse somente intelectual, eu poderia – como em qualquer aula de ciências – simplesmente ensinar os fatos e as teorias do universo. Mas tratar a descoberta radical de um universo em desenvolvimento como se fosse outro fato semelhante, digamos, à temperatura de fusão do chumbo, é desconsiderar todo o propósito da cosmologia.

A cosmologia, embora seja consonante com a ciência, não é uma ciência. Ela é uma tradição de sabedoria fundamentada não apenas na ciência, mas na religião, na arte e na filosofia. Sua meta principal não é a reunião de fatos e teorias, mas a transformação do ser humano. Na situação analisada no capítulo anterior, diríamos que a ciência objetiva a compreensão dos movimentos rotatórios e revolucionários ao redor do Sol, enquanto a cosmologia objetiva *integrar o ser humano na dinâmica divinamente inspiradora de nosso sistema solar.*

Essa experiência de sentir a si mesmo integrado no sistema solar em turbilhão certamente não é apenas cerebral. Há sempre uma forte experiência emocional e corporal em toda entrada no universo. Com freqüência, esses momentos são mesmo aparentados com um tipo de êxtase. E, a menos que essa experiência integral seja procurada, estaremos nos propondo uma compreensão abstrata em vez de uma iniciação plena no universo.

Menciono esse assunto da dimensão estética e afetiva por algumas razões, a primeira das quais é encorajar explorações posteriores nesse sentido. Uma vez que o sistema de educação moderno não enfoca prioritariamente a transformação da subjetividade do estudante, nós, como uma cultura, não temos nenhuma prática educacional cuidadosamente elaborada que possamos empregar. Todas as civilizações clássicas possuíam métodos de iniciação altamente intrincados e eficientes para a iniciação de seus jovens na visão de mundo de suas culturas; e o moderno Ocidente industrial também o faz usando a propaganda para inculcar o consumismo. Mas, no caso da nova cosmologia de um universo que começou a existir há quinze bilhões de anos e tem se tornado mais complexo desde então, não tem havido tempo bastante para criar uma disciplina civilizadora correspondente. Até que os artistas, educadores e pensadores criativos encarem esse desafio, continuaremos perdendo a nós mesmos e às futuras gerações para o consumismo. Nesse esforço, são necessárias iniciativas ousadas e interligadas. Aqui não há especialistas e devemos nos sentir felizes com isso, uma vez que o apelo da época não é por especialidade, mas por genialidade.

A segunda razão para destacar o componente estético e afetivo é preparar todos os interessados nesse trabalho de educação cosmológica para os tipos de resposta que terão de dar. Talvez eu possa indicar o que eu quero dizer referindo-me às minhas próprias experiências.

Quando, pela primeira vez, comecei a discutir sobre alguns dos sentimentos que inevitavelmente acompanham qualquer entrada nessa nova orientação cosmológica, perguntavam-me com freqüência se eu usava drogas. Essas perguntas irritavam-me e até me ameaçavam. Minha reação impensada inicial era que aqueles que faziam as perguntas estavam sugerindo que tudo o que eu tinha a dizer podia ser reduzido a uma simples experiência com drogas. Para tornar toda a situação mais difícil de tratar, havia a destruição que as drogas estavam causando nas pessoas, nas famílias e nas comunidades em todos os lugares do nosso país. Era demais para mim pensar sobre isso racionalmente.

Mas, lentamente, com o passar do tempo, como essas perguntas continuavam, terminei por me dar conta de que havia mais coisas acontecendo ali do que eu havia percebido no início. Depois de refletir sobre o assunto a partir de diferentes perspectivas, passei a adotar uma hipótese completamente diferente a respeito do relacionamento entre a cosmologia e as drogas.

Atualmente, eu acho que o álcool e as drogas são um aspecto intrínseco do estilo de vida consumista. Para expor a minha convicção tão grosseiramente quanto possível, penso que esperar uma sociedade de consumo sem abuso de drogas é tão inútil quanto esperar um carro sem eixos lubrificados. De uma forma ou de outra, as drogas são necessárias para que o consumismo continue.

Elas resultam da condição psíquica de uma pessoa num mundo de consumo. O consumismo baseia-se na suposição de que o universo é uma coleção de objetos inanimados. É por essa razão que a depressão é um aspecto corrente em todas as sociedades de consumo. Quando os humanos se vêem cercados por nada além de objetos, a reação sempre é de solidão; aqui, no final do segundo milênio, estamos afogados numa solidão gigantesca que tem saturado todos os estratos da nossa sociedade. É um fato triste, mas que pode ser demonstrado, que nunca na história da civilização, em nenhuma sociedade, houve tanta solidão como na sociedade industrial de consumo contemporânea.

Porém, o isolamento e a alienação são estados mentais profundamente falsos. Nascemos da Comunidade da Terra e da sua infinita criatividade, delícia e ventura. Nosso estado natural é a intimidade com a comunidade em que nos incluímos. Nossa herança genética natural apresenta-nos a possibilidade de formar relacionamentos profundamente vinculados a todos os dez milhões de espécies vivas, bem como a todos os componentes inanimados do universo. É impossível qualquer separação fundamental dessa comunidade mais ampla que nos envolve, e qualquer ideologia que proponha que o universo não é nada além de uma coleção de itens "de consumo" será mantida somente por meio de um custo terrível.

Às vezes, vista de fora, a coisa toda quase parece funcionar. Quatro anos na universidade e um emprego de engenheiro para fazer módulos de transmissão de calor para caminhonetes Chevrolet. E há o trajeto diário sobre asfalto, o café da manhã na cozinha sobre o linóleo da mesa, as crianças na escola estudando em mesas de fórmica. A vida torna-se a cantilena do rádio, os formulários da DMV para preencher, as exigências do seguro de saúde que precisam ser satisfeitas e, em algum lugar disso, um momento para ver outro membro da família recebendo radiações da TV. Por fim, nos finais de semana, estamos livres do tráfego, dos carros e engarrafamentos, dos escritórios e linhas de montagem, e talvez isso faça a vida valer a pena; mas dois dias dominados pelas diversões eletrônicas, que podem, é claro, se prolongar até o jogo de futebol de segunda-feira à noite, não são uma via de escape real para quem tem de enfrentar tudo de novo na semana desoladora que se aproxima.

O consumismo é uma prisão cujas paredes e grades são os produtos propagandeados em toda parte. Nós nos dedicamos a possuir objetos de modo a viver encerrados por eles. Para a maioria dos seres humanos, mesmo na melhor das circunstâncias de consumo, esse modo de vida mostra-se insatisfatório até o âmago. Simplesmente não é humano, afinal, uma vida em que é vetado todo contato consciente com aqueles poderes em funcionamento em toda a Terra, no universo e no interior de cada uma das nossas células. É tão intolerável essa noção de ficar fora disso, de ser deixado de fora, de não ter nenhum sentido para o mundo, que recorreremos a qualquer saída para aliviar essa dor. E uma maneira rápida e estúpida de transformar esse estado de privação do ser é ingerir substâncias químicas que alteram a mente, dissolvem o fino verniz da cultura de consumo e, finalmente, mergulham a pessoa nos processos mais primitivos. Assim, mesmo que por apenas um momento, e às vezes com um custo horrendo para si mesmo, para a família, para os amigos e a comunidade, a pessoa pode se sentir em casa novamente integrada ao grande fluxo da beleza.

Na realidade, não importa de que altura ergamos o muro de consumo que nos separa do universo; ele sempre será feito de areia. Mesmo que usemos pás, que empreguemos uma equipe e o erijamos numa elevada colina, as marés do oceano irão alcançá-lo e se erguer em ondas imensas que o destruirão novamente. Não importa quantos programas de prevenção do abuso de drogas existam nas escolas, nem quantos presídios sejam construídos, nem quantos novos policiais contratados e nem quantos traficantes sejam presos, o número de vidas arruinadas pelo abuso de drogas continuará a crescer enquanto tentarmos nos convencer de que podemos viver numa sociedade de consumo coberta de asfalto, dominada pelas máquinas, biologicamente destrutiva e espiritualmente carente, sem contato com os poderes de inspiração divina que impregnam cada ser no universo.

Se trezentos mil anos de desenvolvimento humano podem ser um guia, essa é uma escolha simples. Precisamos pôr a nossa energia na invenção de novas formas de cultura para nos iniciarmos num sentido extático de envolvimento com a comunidade de seres que é o universo todo. Se nos recusamos a nos devotar a esse trabalho, teremos apenas de fazer os ajustes necessários para lidar com o rio de miséria que flui desse modo de vida perverso, que causa uma voracidade insaciável de drogas, conhecida como consumismo.

Quando está viva e saudável numa cultura, a cosmologia evoca no ser humano um profundo prazer pela vida, um prazer que traz satisfação e nova vitalidade, pois fornece a energia psíquica necessária para começar cada dia com alegria. No processo de iniciação cosmológica como é praticada pelos seres humanos há trezentos mil anos, a dor da solidão e do isolamento é substituída pela alegria do relacionamento.

Mas, na América contemporânea, quando um auditório ouve falar desses sentimentos de alegria e mesmo de êxtase, a única maneira em que isso pode fazer sentido para ela é pensando em termos de drogas. Em algum lugar do nosso passado, descartamos aquela velha atividade de iniciarmos a nós e aos nossos jovens num universo sagrado. E precisamente porque não temos uma tradição cosmológica na América contemporânea, somos forçados a concluir que quaisquer sentimentos profundos evocados pela cosmologia devem ser de algum modo induzidos por drogas.

No mundo antigo, as pessoas que faziam a introdução dos jovens ao universo eram os xamãs e os mágicos. Essas pessoas eram altamente experientes nas maneiras de formar a consciência humana, e os que hoje se dedicam ao empreendimento cosmológico precisam observar isso. Os que se envolverem com a nova cosmologia precisam de uma sabedoria semelhante, pois toda a energia psíquica agora aprisionada pelas frágeis barras do consumismo será cada vez mais requisitada e investida numa vida de êxtase no seio de uma nova orientação cosmológica. Ninguém deveria começar esse empreendimento às cegas. É preciso saber que trabalhar com esses novos processos educativos é lidar com um imenso reservatório de energia humana.

5

O Sol como o Centro

* * *

Alguns estudiosos, e mesmo outros cientistas de outro modo respeitáveis, cometem o erro de afirmar que a ciência do século XX provou que Copérnico estava errado. Não é o caso de se dizer que o modelo geocêntrico do universo estivesse correto; antes, tanto aquele modelo quanto o modelo heliocêntrico de Copérnico são falsos. O argumento segue assim: Copérnico pensava que o Sol era o centro do mundo; mas agora sabemos que ele é apenas uma entre milhões de estrelas do universo, nenhuma das quais é qualitativamente diferente de todo o resto. Logo, a noção de Copérnico não poderia ter estado correta.

Num sentido superficial, esse argumento é impecável, pois, certamente, é verdade que Copérnico não tinha idéia de quanto é enorme o universo. Os seus dados restringiam o seu pensamento a um cosmos muitíssimo menor, e ele teria ficado maravilhado ao conhecer as dimensões com que, agora, nós lidamos. Mas o ponto mais importante, inteiramente ignorado por essa linha de pensamento, é que Copérnico descobriu *que o Sol é o centro da dinâmica do nosso sistema solar*. Nada do que foi aprendido sobre o universo desde a sua morte muda minimamente essa verdade. Embora com Newton, Einstein, Feynman e McClintock, tenhamos alargado e aprofundado a nossa compreensão científica de modo tremendo, a idéia radical de Copérnico a respeito da centralidade do Sol vive impassível em todas as nossas teorias contemporâneas sobre o universo.

Pelo contrário, como eu gostaria de explorar neste capítulo, nos cinco séculos desde a morte de Copérnico, a nossa contínua meditação sobre o universo levou-nos a uma compreensão ainda mais profunda de como o Sol está no centro do sistema solar. Já tocamos nisso ao falar do tamanho do Sol. A Terra tem apenas a mínima fração da matéria do Sol – somente um milionésimo do volume dele. Então, ela e os outros planetas são apenas fragmentos navegando silenciosamente pelo espaço inundado pelo brilho de nossa estrela. Um ser humano com uma educação cosmológica deveria aprender essa verdade e senti-la diretamente de uma maneira física e imaginativa.

Mas a descoberta que eu gostaria de examinar aqui tem que ver com energia. Usando a compreensão detalhada da física atômica e nuclear descoberta e desenvolvida neste nosso século, aprendemos algo que nunca havia sido sequer suspeitado pelos maiores pensadores de toda a história humana, incluindo o próprio Copérnico, Galileu, Aristóteles, Confúcio, Platão e todos os outros. A cada segundo, o Sol transforma quatro bilhões de toneladas de si mesmo em luz. A cada segundo, uma enorme parcela do Sol desaparece, transformada em energia radiante que se lança em todas as direções. Na nossa própria experiência, talvez já tenhamos visto velas queimando ou madeira sendo consumida pelas chamas até só restarem cinzas, mas nada na nossa experiência humana se compara a essa chama sobrenatural que consome oceanos de matéria diariamente.

Os antigos gregos transmitiam suas mais profundas verdades por meio da poesia e dos mitos e assim nos deixaram as histórias de Apolo, de Hefesto, de Afrodite, de Atena e de Zeus. Se estivéssemos no mesmo estágio da consciência humana, esses mitos nos capacitariam, como capacitaram os gregos, a entrar num rico relacionamento com as forças do universo. Mas eles já não funcionam da mesma maneira para nós. Precisamente porque essas histórias são falsas em qualquer sentido literal a respeito das suas descrições do universo, psicólogos como C. G. Jung e outros as resgataram da lata de lixo da História, explicando-nos a sua relevância psicológica. Estamos, assim, condenados pelo nosso conhecimento científico a vê-los, fundamentalmente, como "mitos", ficções, maneiras habilidosas de ensinar verdades psicológicas.

Logo, quando nos damos conta do fato da grande transformação do Sol em energia, ficamos frustrados. Não temos mitos nem poesias que nos capacitem a incorporar isso. Tudo malogra como mais um fato das novas ciências que fica ali nos olhando. E é muito estranha para nós essa descarga monstruosa e extravagante de energia. Se fazemos algo, é nos distanciarmos dela. Esta é mais uma verdade ameaçadora sobre o universo não-humano e, inconscientemente, nos entregamos ao desastre moderno de nos encerrarmos longe do universo.

Aqui está mais uma porta através da qual a imaginação cosmológica caminha na direção de uma nova síntese entre ciência e religião. No caso do Sol, temos uma nova compreensão do significado cosmológico do sacrifício. Ele está, a cada segundo, dando de si mesmo para tornar-se a energia de que compartilhamos em cada alimento. Muito raramente refletimos sobre essa verdade básica da biologia, mas a sua significação espiritual é suprema. O Sol se converte num fluxo de energia que a fotossíntese transforma em plantas que são consumidas pelos animais. Assim, por quatro milhões de anos, os humanos têm estado banqueteando-se na sua energia estocada na forma de trigo, milho ou gado quando, diariamente, o Sol morre como Sol e renasce como a vitalidade da Terra. E essas labaredas solares são, na verdade, a própria força do grande empreendimento humano. E todas as nossas crianças precisam aprender essa simples verdade: elas são a energia do Sol. E, nós, adultos, deveríamos organizar as coisas para que as suas faces brilhem com a mesma graça radiante.

Durante a idade moderna, quando o materialismo passou a dominar, uma sugestão como essa última seria rejeitada como "mera poesia". Nós simplesmente não sabíamos que a própria energia que percorre os nossos sistemas respiratório e nervoso nos era conferida pelo Sol, e que a nossa própria vitalidade é um desenvolvimento evolucionário da sua vitalidade. Logo, em vez de apresentar os nossos jovens ao Sol, nós os afastamos dele. Ou seja, em vez de despertar essa relação primordial que brilharia na face das crianças com a força radiante do Sol, nós a apagamos ignorante e tragicamente. Elas ficaram com as nossas convicções de que o universo era uma coleção de objetos inanimados, o que foi passado de geração em geração em todo o mundo moderno.

Na cosmologia do novo milênio, a extravagante doação de energia do Sol pode ser vista como uma manifestação espetacular de um impulso subjacente que permeia o universo. Na estrela, esse impulso se revela na contínua doação

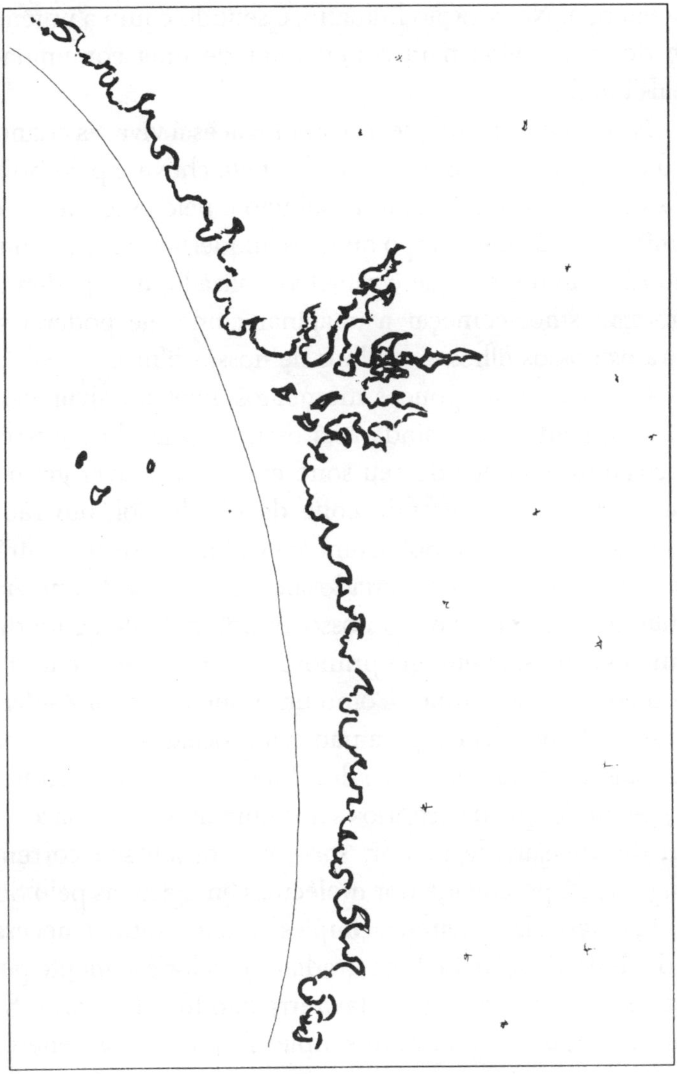

O Sol, a cada segundo, transforma quatro milhões de toneladas de si mesmo em luz.

de energia. No coração humano, é sentido como a urgência de devotar a vida para o bem-estar de uma comunidade mais ampla.

Numa cultura em que a cosmologia está viva, as crianças são ensinadas pelo Sol e pela Lua, pela chuva e pelo brilho das estrelas, pela escalada do salmão e pelo esconder-se da tatuíra. Foi há tanto tempo que nós, modernos, vivemos num mundo como esse, que é difícil visualizá-lo; mas podemos, agora mesmo, começar a imaginar como ele poderia ser para os nossos filhos e os filhos de nossos filhos.

Eles acordarão poucos momentos antes do alvorecer e sairão quando o dia ainda está escuro. Quando estiverem bocejando os restos do seu sono e a Terra estiver girando lentamente para o grande cone de luz do Sol, ouvirão a história da dádiva do Sol. Como cinco bilhões de anos atrás, os átomos de hidrogênio criados no nascimento do universo juntaram-se para formar o nosso grande Sol que agora derrama essa mesma energia primordial e que o tem feito desde o começo do tempo. Como um pouco dessa luz solar é acumulada pela Terra para nadar nos oceanos e cantar nas florestas. E como um pouco dela fluiu para a ventura humana, de modo que os próprios seres humanos são capazes de ser, de bocejar, de pensar, somente porque sua corrente sangüínea é percorrida por moléculas energizadas pelo Sol.

E, então, elas ouvirão a simples verdade sobre a necessidade dessa doação. Se hoje irradiamos calor é somente porque essa mesma energia estava irradiando calor como Sol um mês atrás. Mesmo num simples respirar, nossa energia se dissipa e precisamos ser de novo restaurados pela sua dádiva de fogo. Se, subitamente, ele parasse de transformar-se em energia, todas as plantas morreriam quando a temperatura da Terra caísse vertiginosamente para centenas de graus abaixo de zero. Na nossa carne e nas nossas veias, todas as moléculas que nos aquecem se esfriariam sem restauração quando nós e tudo mais nos tornássemos duros como poeira gelada.

A história do Sol encontrará o seu clímax numa história da família humana daqueles homens e mulheres cujas vidas foram uma manifestação da mesma generosidade e cujo sacrifício tornou possível que outros chegassem à plenitude. Se, ao longo dos tempos, as diversas culturas admiraram essas pessoas que derramaram suas energias criativas para que outros pudessem viver, estávamos apenas reconhecendo intuitivamente que esses seres humanos eram fiéis à natureza da energia que os preenchia.

A generosidade do ser humano só é possível porque no centro do sistema solar uma generosidade estelar magnificente libera energia, dia e noite, sem parar, sem queixa e sem a mínima hesitação. Este é o modo do universo. Este é o modo da vida. E este é o modo pelo qual cada um de nós se une a essa linhagem cosmológica quando aceitamos a dádiva de energia do Sol e a transformamos numa ação criativa, que capacitará a comunidade a florescer.

Naturalmente, ao longo dos anos, quando a história do Sol for recontada nas suas várias formas, haverá uma boa dose de repetição, e os ouvintes, às vezes, se aborrecerão e ficarão distraídos. Isto é de se esperar. Não se trata de entretenimento, mas de educação. E a educação moral, em particular, consiste em manter na mente, por longos períodos de tempo, as magníficas conquistas de quinze bilhões de anos de criatividade.

Ao nos lembrarmos das possibilidades da verdadeira grandeza e nobreza de espírito, excitamos as energias necessárias para alcançar nossa verdadeira plenitude. Então, o desafio da realização moral e espiritual não é algo de que se trate no espaço de uma hora num fim de semana. A tarefa da transformação é o modo com que começamos cada dia quando lembramos a nós mesmos da revelação que o Sol é.

Pela repetição e por anos de aprofundamento, nossos filhos e os filhos de nossos filhos terão um modo de escapar das iscas de tanta frustração, cobiça, ódio e insegurança pessoal, pois começarão cada manhã e viverão cada dia envoltos numa verdade simples: uma linda Terra viva deixa-se levar, leve como uma pluma, ao redor da grande e formidável generosidade do Sol.

6

Olhando para a Via Láctea

* * *

Mesmo se a descoberta do lugar de origem do universo for a maior do século XX ou de todos os tempos, ela é insignificante até que esteja viva dentro de nós. A descoberta em si não foi o resultado de uma ação acidental ou automática, mas resultou do esforço sustentado de milhões de seres humanos. Assim também é o seu significado. É fácil para qualquer um ficar momentaneamente fascinado ou estremecido com os fantásticos dados da nova história do universo, mas é coisa totalmente diferente absorver isso, com o tempo, para o centro do seu ser. Os fatos não bastam por si mesmos; o que é preciso é a sua incorporação. O que é preciso é uma transformação da humanidade atual em formas de humanidade congruentes com os modos do universo. Essa reeducação só acontecerá nas pessoas que tenham a coragem, a imaginação e a energia necessárias para a jornada.

Estudar a nova cosmologia é ter a sua consciência transformada. Uma das compreensões mais deprimentes nessa transformação é se dar conta de como nós fomos eficientes em nos isolarmos – e às nossas crianças – longe de qualquer contato com o universo. Considere, por exemplo, os trilhões de galáxias. Aprendemos tantas coisas admiráveis sobre as galáxias do universo, mas, ainda assim, quantos de nós temos uma vivência direta das galáxias? Certamente, alguns de nós as estudam em aulas de ciências, mas sem um contato primordial com uma galáxia, qual é o benefício desse conhecimento abstrato?

Para aprender realmente sobre as galáxias e sobre o lugar de origem do universo, precisamos nos defrontar com essa situação em que a nossa vida e a de nossos filhos estão quase que completamente aprisionadas em engenhos humanos. Não estou sugerindo aqui uma volta aos antigos estilos de vida primitivos, nem uma rejeição da tecnologia, nem uma fantasia romântica de retorno à natureza em que se abandone as cidades para viver em comunidades rurais. O primeiro passo a dar é simplesmente despertar. Tudo o que precisamos é o simples reconhecimento de que, quando privamos à nós e às nossas crianças do contato direto com os poderes numinosos que enchem o universo, estamos optando por uma existência diminuída.

Todas as sociedades industriais estão presas, em graus variados, pela idéia cristalizada no Skydome de Toronto. Os seres humanos podem ficar completamente enclausurados por essa engenhosa estrutura mecânica durante semanas seguidas. Uma vez no seu interior, nunca vêem o grande céu, nem o Sol radiante; nunca sentem o doce perfume da Terra, nem tocam a casca áspera das árvores; nunca ouvem o vento cruzando os campos ou o barulho de um peixe de madrugada no lago. Tudo isso é trocado por uma vida em contato com cimento, vidro, grama artificial, telas de vídeo, aço e plástico. Tire o brilho e as multidões e você terá a experiência diária para a qual milhões das nossas crianças acordam todas as manhãs. Nosso primeiro passo pode ser apenas suspeitar que trocar o Sol, a Lua, os animais e as galáxias por aparelhos de televisão constantemente presentes pode não ser, afinal, um bom negócio.

Se você nunca teve a vivência de uma galáxia, você tem diante de si uma das maiores oportunidades do universo. Tudo o que é preciso fazer é viajar cinqüenta ou sessenta quilômetros para sair da poluição urbana. Se você mora no interior, melhor ainda, pois já está lá. Vá com alguns amigos, leve alguns cobertores, uma ou duas garrafas térmicas e, logo que anoitecer, deite-se de costas e contemple aquele caminho de luz láctea que vai de um horizonte iluminado, pela grande abóbada de céus, até o outro lado do mundo. Essa é a galáxia da Via Láctea, o nosso lar.

Num sentido fundamental, sabemos muito pouco sobre o universo, sobre seu passado obscuro, sobre o futuro que virá. Mas sabemos que, quando pensamos nesse grande caminho lácteo que nos cerca à noite, estamos entrando numa experiência que foi compartilhada por bilhões de humanos ao longo dos tempos. De todos os lugares do planeta e de todos os momentos da História, todos eles ficaram admirados enquanto contemplavam essa grande luz que envolve o mundo.

O começo e o fim da existência humana é admirável. Temos isso em comum com todos os incontáveis seres humanos que, antes de nós, ficaram encantados pela beleza da noite. Nossos ancestrais tinham a sua maneira de explicar para si mesmos o que tudo isso significava. E, agora, nós também temos uma maneira, nova, de explicar o que existe. Mas, em todo o caso, a admiração é primordial. E se a explicação for boa, a admiração só irá aprofundar-se. O propósito primário das nossas explicações não é remover a admiração mas levar-nos a uma compreensão mais íntima desses mistérios que nos envolvem, indo ainda mais fundo no oceano de beleza em que nos encontramos.

Durante a idade moderna, ficamos tão cheios do nosso sentimento de superioridade a respeito das explicações da ciência sobre o universo que nem sequer notamos que paramos de nos maravilhar com as estrelas. Parecia razoável parar de dar atenção para o cosmos. Por que maravilhar-se com alguma coisa quando estávamos convencidos de que era apenas uma máquina? Por que dar atenção a ela quando tínhamos as fórmulas matemáticas que a explicavam? Considerávamos uma explicação científica como algo que tirava o mistério, tanto que, com o tempo, enganamos a nós mesmos pensando que as explicações matemáticas dos fenômenos eram mais significativas que os fenômenos! Acredite nisso e em pouco tempo você estará vivendo no Skydome.

O começo e o fim são um contato fundamental com o grande abismo de beleza que chamamos de universo. Não entrar nesses momentos de admiração, não maravilhar-se com essa majestade, não viver cada dia – por pelo menos um ou dois momentos! – flutuando dentro de um mistério colossal e íntimo, é viver uma vida de privações. Mais ainda, é viver uma vida vulnerável a distorções fundamentais.

Quando nos deitamos de costas, encantados com a grande Via Láctea acima de nós, podemos ponderar sobre as nossas descobertas recentes para aprofundar esse contato. Nenhum dos bilhões de seres humanos que nos precederam podiam vivenciar a Via Láctea como nós podemos vivenciar. Pois, quando contemplamos a longa trilha de luz láctea que cruza o céu, sabemos que vem dos trezentos bilhões de estrelas da galáxia Via Láctea. Vemos essas estrelas como uma suave faixa de luz por causa da forma gigantesca da nossa galáxia.

Na sua forma tridimensional, a Via Láctea é algo parecido com uma panqueca com uma protuberância no centro. Outra imagem que é usada, às vezes, é a de um ovo numa frigideira, a gema como a protuberância e a clara como as seções maiores e mais finas que emanam do disco central. Porém, gosto de pensar na galáxia da Via Láctea como uma gigantesca arraia *manta*. Uma arraia *manta* é um peixe com um corpo achatado, uma leve protuberância no centro e duas grandes asas escuras para a sua propulsão no oceano. A principal vantagem de utilizá-la como metáfora para ver a galáxia da Via Láctea é a facilidade com que a *manta* nos lembra que ela não está parada sobre o que quer que seja; ela está planando na escuridão do universo sem nenhum esforço, assim como a *manta* se arroja levemente pelos mares.

A Terra está cerca de dois terços distante do centro espesso e dentro de uma das duas asas longas e finas. Uma vez que nós estamos no torvelinho dessa arraia *manta* galáctica, à noite, vemos estrelas em qualquer direção que olhemos, mas, quando a nossa linha de visão atravessa diretamente o plano do corpo da Via Láctea, vemos muito mais estrelas, tantas que as suas luzes se juntam naquele caminho tremulante acima das nossas cabeças. Esse caminho lácteo continua em todo o redor da Terra. Não podemos vê-lo durante o dia por causa da presença avassaladora do Sol. Mas quando você se deita de costas, imaginando a Terra no corpo da galáxia e o caminho lácteo que vai de um horizonte ao horizonte oposto e além, pode começar a sentir a Terra flutuando nesse grande corpo, a Via Láctea, que também está flutuando no grande corpo do universo.

Agora, precisamos tentar alterar os padrões básicos de consciência que foram estabelecidos na linha dos primatas por, pelo menos, setenta milhões de anos. Quando você se deita de costas olhando a Via Láctea, observa que uma suposição implícita que enquadra a experiência é aquela de estar "olhando para cima, para as estrelas". Essa atitude inconsciente tem raízes biológicas, pois os primatas têm a direção acima-abaixo cuidadosamente codificada no funcionamento orgânico. Um chimpanzé despertando durante a noite, no seu ninho nas árvores, precisa ser orientado instantaneamente pelo eixo acima-abaixo. Em outras palavras, todos os chimpanzés ancestrais que necessitavam de mais alguns segundos para perceber qual lado estava acima há muito tempo encontraram a sua derrota caindo.

Levando mais adiante o nosso sentido de acima-abaixo, encontramos a codificação cultural elaborada durante milênios nos termos da qual as estrelas, o céu e Deus estão "acima" e a Terra está "abaixo". Incontáveis gerações de seres humanos consideravam a Terra como um lugar fixo no centro do universo, acima do qual girava o céu. Essas visões de mundo articulavam simplesmente a orientação biológica de todos os primatas. Se um orangotango pudesse falar, consideraria as estrelas como muito acima, muito altas no céu, e, se estivesse deitado de costas numa campina à noite, também pensaria que estava olhando para as estrelas, lá em cima.

Então, o que fazermos agora, quando o nosso conhecimento transcende as suposições genética e culturalmente

Para entrar na nova história do universo em expansão, precisamos experimentar alterar os padrões básicos de consciência estabelecidos na linha dos primatas por, pelo menos, setenta milhões de anos.

codificadas a respeito do "acima"? Como nos orientamos no universo, agora que sabemos que uma Terra redonda navega em torno do Sol, que ele é uma estrela semelhante aos outros três bilhões de estrelas da Via Láctea, e que a idéia de "acima", que podemos ter na Terra, não tem nada que ver com a dinâmica da galáxia quando ela gira suas estrelas nas suas grandes órbitas?

Quando você se deitar de costas contemplando a Via Láctea, veja se consegue se libertar, imaginativamente, de setenta milhões de anos de condicionamento a respeito do nosso lugar no universo. Esse trabalho de imaginação é uma das grandes graças de ser humano e está no centro de todas as grandes conquistas da arte, da ciência e da civilização como um todo. Imagine a Terra flutuando no espaço e, em vez de visualizar o seu próprio lugar na parte "de cima" dela, ajeite a imagem na sua mente de modo que você esteja na parte "de baixo" dessa Terra visualizada.

Agora, enquanto você está lá, deitado de costas, imagine-se mergulhando rumo ao fundo da grande fenda do céu noturno. Se a sua imaginação for suficientemente forte, você pode começar rapidamente uma nova experiência. De outro modo, poderá levar algum tempo, mas esse momento chegará, numa rápida reorganização dos fenômenos, quando todas aquelas estrelas serão vistas como se estivessem abaixo, muitíssimo abaixo, e o sentimento que acompanhará essa experiência é o sentimento de surpresa de que você não está caindo de encontro a elas. Naturalmente, você não cai. Você paira no espaço, fitando abaixo a abóbada de estrelas, suspenso no seu laço com a Terra.

A força da gravidade da Terra o segura e você sente a força desse laço nos seus ombros, nas suas costas, no traseiro e nas pernas. Normalmente, pensamos sobre essa pressão como derivada do nosso "peso"; porém, num sentido estritamente científico, nenhum ser tem um peso intrínseco. Antes, todos os corpos são capazes de ter interações gravitacionais; e, para nós, a interação dominante que vivenciamos é com a Terra. Não é nenhum peso intrínseco que nos mantém aqui; pois, se a força da gravidade da Terra e do Sol desaparecesse subitamente, iríamos, com uma velocidade cada vez maior, nos arrojar numa grande precipitação naquela escura fenda de estrelas abaixo de nós. Não é o peso. É a força da Terra que nos mantém suspensos acima das estrelas.

Quando você se deita lá, sentindo-se pairar nesse laço gravitacional, enquanto mergulha rumo aos bilhões de estrelas na fenda infinita do espaço, terá entrado em uma experiência do universo que não é apenas humana, nem apenas biológica. Você terá entrado num relacionamento de uma perspectiva galáctica, tornando-se, por um momento, uma parte da Galáxia da Via Láctea sentindo como é ser ela.

O caminho branco que estamos contemplando oniricamente tem o poder dos deuses. O destino da nossa Terra, do nosso Sol, dos planetas e do nosso próprio corpo é controlado por essa Via Láctea que se arrasta pelo céu da noite. Esse branco caminho lácteo está puxando todo o nosso sistema solar pela borda externa da galáxia à velocidade de 300 quilômetros por segundo. Quando você se deita e conta até vinte, todos os animais, florestas, toda a Terra, Júpiter, os asteróides e até o Sol são arremessados a uma distância igual à extensão da largura do continente norte-americano.

Às vezes, imagino que, se eu pudesse levantar uma tonelada de tijolos e jogá-la a alguns passos, estaria em todas as telas de TV do mundo. Porém a Terra tem um bilhão de trilhão de vezes mais massa que uma tonelada de tijolos e o Sol é um milhão de vezes maior que a Terra. E tudo isso, e mais, não é apenas levantado e jogado a alguns passos, mas feito voar 300 quilômetros a cada um dos segundos de cada dia de cada ano, há, já, cinco bilhões de anos. A origem desse poder titânico é aquele caminho branco, lácteo, que contemplamos enquanto somos mantidos suspensos pelo seu imenso poder. Por que as pessoas ficariam me assistindo levantar uma tonelada de tijolos quando poderiam acompanhar, todas as noites, um dinamismo um quintilhão de vezes mais poderoso?

Nós, povos modernos, temos dito algumas coisas muito discutíveis sobre o que representa um grande avanço científico humano. Cair na concepção estereotipada sobre como os povos primitivos eram limitados é um erro fácil de ser cometido por um consumidor – quero dizer, eles não tinham máquinas de lavar pratos, Chevrolets ou computadores Apple. Mas compreendiam algo fundamental que escapa a nós, povos modernos e pós-modernos. Esquecemos o que era isso e, pior ainda, esquecemos que esquecemos. No seu trabalho de se orientarem dentro dos grandes poderes determinantes do universo, eles alcançaram uma paz que nós só podemos adivinhar.

Eles tinham pouca tecnologia, não tinham aparelhos domésticos, eram vulneráveis de mil modos, mas viviam numa forma de consciência muito além da que nós vivemos cotidianamente nas nossas gaiolas industriais. A cada manhã, despertavam para um universo numinoso. A cada manhã, despertavam para uma realidade que, comumente, nós só vivemos nos nossos sonhos, em que somos levados numa grande aventura envolvendo o universo inteiro. Se não sabemos o que era que eles viviam, podemos ter a esperança de que, à medida que desenvolvemos nossos relacionamentos cosmológicos com os poderes do universo, em alguma manhã nós também acordaremos num mundo encantado no qual temos um papel a desempenhar e seremos capazes de falar para os nossos filhos sobre as coisas fundamentais.

7

A Estrutura de Grande Escala do Espaço e do Tempo

* * *

Nossa principal tarefa como seres humanos é viver no universo. Naturalmente, num sentido superficial, todos vivemos no universo porque estamos fisicamente aqui. Porém, num sentido intelectual, espiritual ou emocional, a maioria de nós vive em outro lugar. Essa é uma situação bastante estranha, mas é uma deformação ante a qual os seres humanos sucumbiram repetidas vezes ao longo da História.

Sófocles fez um estudo dessa interessante possibilidade de uma vida dividida em seu drama *Édipo Rei.* Essa é a história de um homem que, um dia, chega a um reino e, por uma infeliz seqüência de eventos, acaba matando o rei e casando-se com a rainha, completamente ignorante da terrível verdade de que o rei é seu pai e a rainha, sua mãe.

Podemos dizer que, muito embora Édipo tenha se tornado rei de Tebas, ele não viveu efetivamente no reino de Tebas. Pois viver no reino significa viver em relacionamentos adequados com os seus membros. Mas Édipo não teve relacionamentos adequados com ninguém: ele era o marido de sua mãe e o assassino de seu pai. E, ainda assim, se alguém perguntasse a ele se vivia ou não no reino de Tebas, ele consideraria o interrogador insano, pois onde mais ele poderia estar? Porém, no sentido mais profundo de sua própria compreensão da sua natureza essencial e de seu papel em Tebas, ele não era um membro do reino; era uma abominação dele.

Nós também achamos que vivemos na Terra. Mas não o fazemos no sentido de viver como membros da Comunidade da Terra. Tanto nas nossas atividades quanto na compreensão de nós mesmos e dela, simplesmente não fazemos parte da sua vida. Vivemos nessa condição dividida, pensando que somos membros da Terra, inconscientes de que somos os destruidores dela.

Uma maneira fácil de tocar as bordas esfarrapadas desse buraco escancarado na nossa consciência é fazer o "teste do universo local". Você deveria tentar uma hora dessas. É fácil fazê-lo. Simplesmente convide alguém que viva a pelo menos trinta quilômetros de distância, e que nunca o tenha visitado antes, para fazê-lo. Você pode dar instruções verbais por telefone sobre como chegar à sua casa, mas tem uma regra que é: nas orientações que der, você pode se referir a qualquer coisa, exceto engenhos humanos.

Pode referir-se a montes, árvores, constelações do céu noturno, praias de lagos ou oceanos, cavernas, a posição dos planetas, de lagos, trilhas ou pradarias, o Sol ou a Lua, rochedos, platôs, cachoeiras, morros, estuários, penhascos, matagais, baías, florestas, riachos, pântanos, mangues, arvoredos e assim por diante. Sempre que sua amiga se sinta perdida, ela pode telefonar para você para obter mais instruções, mas a regra para ela é que ela deve descrever sua localização sem se referir a nenhum engenho humano.

Faça isso algumas vezes e saberá diretamente como nós, como Édipo, não vivemos realmente na Comunidade da Terra.

Então, onde vivemos? Num sentido físico, vivemos em engenhos industriais planejados para manter-nos dentro e, ao universo, fora. É por essa razão que as preocupações principais do nosso coração e da nossa mente são postas de modo absolutamente dominante nos requerimentos impostos a nós pela vida nesses engenhos industriais. A mentalidade americana resultante no final do século XX é uma combinação estranha. Temos algumas coisas interessantes flutuando por aí, mas elas estão misturadas com algumas das trivialidades mais aterradoras. É deprimente dar-se conta de como é fácil para qualquer um de nós falar infindavelmente sobre temas de absolutamente nenhuma significação, embora quase todos nós nos tornemos muros de cimento quando perguntados sobre as coisas mais simples que digam respeito à nossa vida real no universo como: "Que espécies de vida há no meu quintal?" Nossos olhos e nosso coração estão de tal modo abarrotados com as tantas demandas do consumismo que raramente notamos nem mesmo os contornos mais básicos do nosso hábitat.

Nossos filhos podem reproduzir dezenas de pequenas canções das propagandas, mas não conseguem distinguir entre os cantos do bem-te-vi e do sabiá. As crianças de nossas pré-escolas, mesmo antes de poder falar, podem reconhecer as marcas industriais de muitas das nossas empresas comerciais e, ainda assim, poucas delas, se é que existe alguma, podem desenhar os insetos, árvores, flores ou mamíferos do nosso hábitat. O verdadeiro grande fato cósmico de cada ano da vida delas é a seqüência rítmica com que a primavera explode em ser, mas a chance de encontrar uma única criança, só uma, que conheça e celebre esse admirável renascimento da vida é muito menor que a probabilidade de entrar nas salas dos executivos da Nintendo ou da Sega Genesis e convencê-los a parar de despejar a violência repulsiva dos seus videogames na vida dessas crianças.

Aqui, no final do milênio, damos, um de cada vez, nossos passos futuro adentro. Não podemos, com um simples apertar de botão, parar a destruição dos solos, animais e crianças; mas podemos, com uma única decisão, começar a busca de meios de alinhar as nossas energias com as orientações criativas, restauradoras e saudáveis que já estão acontecendo. Quanto às nossas crianças, não podemos, com um estalar de dedos, mudar sua educação de industrial em Ecozóica, onde por "Ecozóica" eu quero dizer uma forma de educação que iniciaria nossas crianças nos modos do universo. Não podemos lavar instantaneamente todas as trivialidades e toxinas e dar, em lugar delas, o conhecimento e a informação essencial para seu futuro no planeta. Mas podemos começar a fazer uma diferença. Podemos começar por introduzi-las, e a nós mesmos, no nosso universo. Podemos começar por mostrar-lhes que são parte de uma Grande Cena; elas têm um lugar e um papel nessa atividade envolvente. Com o tempo, se tiverem sorte, finalmente aprenderão a considerar todas as coisas do mundo, mesmo o mais breve respirar do menor mosquito, como parte de um todo abrangente, único e coerente.

Proponho aqui um meio de começar. Arranje alguém para mostrar a você onde está a constelação de Sagitário, então, leve uma criança para a rua e concentre aí sua atenção. Quando o fizer, estará fitando o próprio centro da galáxia da Via Láctea, o disco ao redor do qual todos os três bilhões de estrelas giram. Apresentando jovens à nossa galáxia como um todo e dando-lhes a oportunidade de entender a si mesmos como seres vivos neste processo galáctico envolvente, eles começam a profunda viagem para um contexto muito mais amplo no qual podem encontrar o verdadeiro significado das suas vidas. Conhecer a direção sagrada no rumo do centro da galáxia e voltar a ela várias vezes será parte do processo de capacitação que permitirá a eles, lenta e subconscientemente, pensar sobre si mesmos não apenas como entidades políticas ou econômicas. Eles aprenderão que são, primordialmente, eventos cosmológicos.

Para falar em termos de luz, estamos a apenas trinta mil anos-luz do centro da Via Láctea. Um ano-luz é uma medida de distância. É a distância que a luz viajará no período de um ano, cerca de dez trilhões de quilômetros. Por exemplo, a luz do centro da galáxia, viajando trezentos mil quilômetros por segundo, chega até nós depois de ter riscado o éter na nossa direção durante trinta mil anos. Assim, se hoje à noite você dirigir o olhar para Sagitário, alguns dos fótons de luz que chegam até você terão deixado o centro galáctico quando gigantescos mamutes peludos passeavam pelo continente norte-americano.

Os fótons foram criados nos momentos remotos quando os paleoíndios reverenciavam e caçavam esses animais gigantes. Os tigres dentes-de-sabre, como os índios, tocaiavam os mamutes e continuariam a caçar outros vinte mil anos antes de desaparecer no surpreendente evento da sua extinção. E, em todos os momentos da existência dos tigres dentes-de-sabre, enquanto geração após geração eles abriam seu caminho caçando, juntando-se, dormindo e tocaiando, a cada momento os fótons do centro da galáxia arrojavam-se silenciosamente através do espaço na sua viagem até nós.

Quando uma criança olha na direção do centro da galáxia, ela precisa lembrar-se dos mamutes peludos, dos tigres dentes-de-sabre e dos paleoíndios. E do breve período em que a civilização irrompeu em cena. Foi necessário todo esse enorme volume de tempo para que os fótons, correndo na velocidade da luz, chegassem a nós nessa noite em que fitamos o centro de nossa galáxia.

A menos que vivamos com pelo menos um pouco de consciência cosmológica, nos arriscamos a cair em mundos minúsculos. Pois podemos ser iludidos a pensar que nossa vida se passa em entidades políticas, como um estado ou uma nação; ou que as preocupações básicas da vida têm que ver com as realidades econômicas do estilo de vida consumista. Na verdade, vivemos em meio a imensidões e somos intrinsecamente inseridos num grande drama cósmico. Preocupações econômicas e políticas têm importância real, mas as crianças precisam entender que quaisquer que sejam elas e o valor que essas preocupações tenham, elas derivam fundamentalmente do molde que nos encerra e de seus significados mais profundos. Estar fora de contato com esse contexto cosmológico é arriscar-se a viver numa versão reduzida e distorcida da realidade, como aconteceu com Édipo.

Além do direcionamento para o centro da galáxia da Via Láctea, há mais uma orientação que podemos dar às nossas crianças, que é da galáxia de Andrômeda. Se você dirige o olhar delas para essa constelação, também chamada de Andrômeda, elas verão lá uma névoa de luz esmaecida diferente de qualquer estrela. Com um par de binóculos comuns, elas poderão até ver uma estrutura espiralada naquela névoa de luz. Esse é o horizonte mais distante da visão humana a olho nu. É a galáxia de Andrômeda, levemente maior que a nossa Via Láctea, que chega até nossos olhos desde 2,5 milhões de anos-luz de distância.

Algo acontece nas profundezas da alma de uma criança que contempla uma névoa de luz, sabendo que essa névoa é uma galáxia com centenas de bilhões de estrelas. Algo acontece por dentro, algo se abre em congruência psíquica com a amplidão da galáxia. Essa névoa de luz precisou de milhões de anos para chegar a esse jovem olho humano, que, agora, é o olho de um ser que sabe tudo isso. Ciente das dimensões maiores dessa experiência, seu mundo interior se abre quando a luz entra.

Há 2,5 milhões de anos, na Terra, os seres humanos haviam acabado de descobrir o uso de ferramentas, e, portanto, de entrar no longo drama de apreender o universo de uma nova maneira. No dia em que esses primeiros seres humanos estavam, pela primeira vez, dando forma às suas primeiras ferramentas, a luz, como sempre, explodia desde Andrômeda, mas essa luz particular tinha um destino extraordinário; pois, enquanto vinha zunindo de Andrômeda para a Via Láctea, esses criativos seres humanos continuavam a desenvolver suas ferramentas, mentes, sensibilidade e compreensão até que, pelo menos 2,5 milhões de anos depois, haviam descoberto seu lugar no espaço e no tempo do universo, a tempo apenas de levar seus filhos para a rua à noite para captar e maravilhar-se com aqueles fótons que haviam partido há tanto tempo atrás. Certamente, fitar a galáxia de

Andrômeda é entrar na imensidão galáctica, mas também num novo sentido de tempo a respeito da ventura humana. A jornada humana é tão imensa no tempo quanto as galáxias são distantes no espaço.

Andrômeda e a Via Láctea são grandes galáxias, e giram lentamente em torno uma da outra. Cada uma tem cerca de uma dúzia de outras a seu redor. As galáxias satélites mais conhecidas que rodeiam a Via Láctea são as Nuvens Magelânicas, Fornax, Draco e Escultor. A pobre Andrômeda só tem nomes muito bobos para suas galáxias acompanhantes. Por exemplo, M32. Temos tão pouca experiência sobre elas que ainda não fomos capazes de dar-lhes um nome apropriado. Antes do século XX, nós nem sequer sabíamos que havia outras galáxias no universo; logo, naturalmente, levará algum tempo antes de irmos além de chamar cada galáxia simplesmente por números.

O megassistema que é a Via Láctea, Andrômeda e todas as suas galáxias satélites circundantes está espalhado por vários milhões de anos-luz, contém pelo menos meio trilhão de estrelas e é chamado pelos astrônomos de "Grupo Local". Esse nome tem algo de bastante cômico e triste, mas podemos considerá-lo um rótulo provisório que logo será substituído pelos nomes que os poetas do século XXI inventarão quando aprenderem essa nova história do universo.

Nosso Grupo Local de galáxias, ele próprio, é apenas um satélite num sistema ainda maior. Assim como o planeta Terra gira ao redor do Sol, também o nosso Grupo Local gira ao redor de um disco central chamado "aglomerado de Virgem". Virgem é um aglomerado gigante de mil galáxias distante 53 milhões de anos-luz. Nosso Grupo Local, com centenas de outros aglomerados galácticos, giram todos ao redor do aglomerado de Virgem. Quando refletimos sobre todo esse sistema superaglomerado com seus milhares e milhares de galáxias, cada uma das quais contém dez milhões de planetas inteligentes, a mente primata começa a desintegrar-se. Até recentemente, nosso principal desafio era agarrar o galho mais próximo enquanto nos pendurávamos pelas florestas. Agora, somos levados a ponderar sobre a imensidão desse aglomerado de aglomerados, o superaglomerado de Virgem.

Se, agora, podemos nos levar a imaginar esse imenso superaglomerado como sendo apenas um ponto branco, então o universo como um todo consiste em dez milhões desses que estão flutuando e rodopiando à deriva como flores de maçã quando, no início da primavera, uma lufada de vento as liberta de seus ramos e as sopra para o céu azul.

redor do aglomerado de Virgem. Quando refletimos sobre todo esse sistema superaglomerado com seus milhares e milhões de galáxias, cada uma das quais contém dez trilhões de planetas habitados, a mente primeiro começa a desintegrar-se. Até recentemente, nosso principal desafio era agarrar o gato mais próximo enquanto nos pendurávamos pelas florestas. Agora, somos levados a ponderar sobre a imensidão desse aglomerado de aglomerados, o superaglomerado de Virgem.

Se, agora, pudermos nos levar a imaginar esse imenso superaglomerado como sendo apenas um ponto branco dentro do universo como um todo — onde em dez milhões desses que estão flutuando e rodopiando — de certa forma como flores de macieira quando, no início da primavera, uma onda de vento as liberta de seus ramos e as sopra para o céu azul.

8

A História Veio até Nós

* * *

Não há uma razão teórica ou científica que exija que o lugar de origem do universo esteja a quinze bilhões de anos-luz. Pelo contrário, essa é uma descoberta empírica; poderia ter sido descoberto que era diferente. O lugar de origem foi descoberto pela observação. A distância da nossa origem cósmica foi medida e vem a ser quinze bilhões de anos-luz. Aqui, o importante não é a exatidão dos números. Na verdade, a distância exata é algo entre dez e vinte bilhões. Nossos dados ainda não permitem uma determinação mais apurada. O importante é que esses números não derivam de qualquer teoria científica ou filosófica anterior sobre o universo; eles vêm de uma mensuração extremamente sofisticada do universo.

Quando, pela primeira vez, os astrônomos Vesto Slipher, Edwin Hubble e outros começaram a reunir dados sobre o movimento das galáxias, eles não tinham nenhuma idéia de que haviam embarcado numa investigação científica que levaria à descoberta do lugar de origem do universo. De fato, poucas considerações poderiam estar mais longe da mente deles. Eles estavam simplesmente observando o universo e acompanhando cuidadosamente o movimento das galáxias.

É significativo que as próprias pessoas que descobriram o lugar de origem tenham ficado chocadas com a descoberta. Algumas entraram em depressão por isso. Em vez de alardearem sua grande conquista, elas a relataram com um sentimento de perplexidade. Hubble, o cientista cujo trabalho foi fundamental para convencer a comunidade científica de que o universo tinha um lugar de origem, recusava-se a fazer quaisquer interpretações. Ele apenas publicou o que descobriu, por mais estranho que isso pudesse lhe parecer. E Einstein, cuja teoria dava a interpretação mais profunda dos dados, começou por alterar efetivamente algumas das suas melhores idéias para evitar o confronto de suas radicais implicações. No mínimo, precisamos compreender que eles não estavam projetando suas teorias matemáticas, nem impondo suas perpectivas filosóficas sobre o universo. Eles estavam, ao contrário, prestando atenção aos movimentos e às estruturas do universo. Ou melhor, estavam ouvindo profundamente os padrões nos fótons que chegavam a eles, a cada noite, nos seus observatórios.

A frase, aparentemente inocente, "chegavam a eles" esconde, contudo, outra verdade importante que precisamos ter em mente. Edwin Hubble e outros cientistas são membros da vida na Terra, que orbita ao redor do Sol, entre os trezentos bilhões de estrelas da Galáxia da Via Láctea, que orbitam pelo nosso Grupo Local, que rodopia inteiro dentro do superaglomerado de Virgem, que existe suspenso como um entre dez milhões no grande universo. Os cientistas, e todo o mundo também, só podem sentir o que o universo traz para nós aqui. O que sabemos sobre o universo é conseguido ouvindo e refletindo sobre as notícias que ele traz.

Como ilustração, podemos voltar à nossa discussão sobre a galáxia de Andrômeda. Todas as noites, por todos os milhões de anos da existência humana, novos fótons têm chegado de lá. Mas foi somente depois que desenvolvemos, arduamente, todos os instrumentos necessários, incluindo os telescópios e a matemática, mas, de modo mais geral, todas as artes, linguagens e capacidades conceituais do *Homo sapiens* moderno, que pudemos penetrar na informação que essas partículas de luz carregavam. A história de Andrômeda, seus trezentos bilhões de estrelas e sua estrutura espiralada circular esteve presente na Terra o tempo todo. E ninguém nunca teve de viajar até lá para aprender sua história. Ao contrário, os seres humanos tiveram de desenvolver a sensibilidade necessária para despertar para a história que esteve aqui ao longo de toda a nossa existência.

Nós, cientistas, tendemos a usar frases que falam da nossa habilidade para "ir fundo no espaço". Falamos da nossa invenção de instrumentos que "dão prova das regiões mais distantes do universo". Essas são, certamente, expressões válidas, mas também podem dar a falsa impressão de que, de fato, "saímos" em algum sentido literal. Não saímos. Pelo contrário, entramos na nossa vivência imediata.

Entramos numa gotinha do universo e aí encontramos fótons com histórias extraordinárias das regiões mais distantes dele. Todos os livros sobre as galáxias distantes, os volumes e artigos de jornal sobre a estrutura de grande escala do universo, os tomos sobre a dinâmica das estrelas de nêutrons, as fotografias da nébula brilhante, os estudos sobre as supergigantes vermelhas são, em rigor, explicações das histórias que existem em cada centímetro cúbico do universo. Essas histórias têm estado aí durante toda a história humana, mas, até recentemente, não éramos capazes de lê-las. Telescópios ópticos, detectores infravermelhos, difração de raios X, aparelhos espectroscópicos – toda essa instrumentação da astronomia moderna objetiva tornar-se sensível às notícias do universo contidas em cada gota dele.

A descoberta do lugar de origem do cosmos, então, é a descoberta da história que tem estado presente desde o começo. A origem primordial do universo tem estado aqui conosco por milhões de anos. Ela chovia de todas as direções quando caminhávamos pelas savanas africanas e construíamos nossas casas de adobe ao longo do Nilo. A nossa geração é simplesmente a que surgiu na época em que a consciência humana tornou-se bastante sutil e complexa para despertar para o que o universo nos tem dito desde o início. Se é verdade que a descoberta do lugar de origem do universo é obra de alguns gênios espetaculares, também é verdade que ela é obra de toda a ventura humana. Todos os gênios, mesmo o maior deles, vêm desse despertar em desenvolvimento e trabalham no seu seio. O aprofundamento da consciência necessário para que se ouvisse a história do universo, exigiu a complexificação da consciência durante todos os quatro milhões de anos da jornada humana.

O ser humano é o espaço criado no processo do universo para ouvir e celebrar as histórias do universo e que o compõem.

9

A Noite e o Renascimento do Cosmos

* * *

As propostas mais significativas que os humanos fazem uns para os outros envolvem, com freqüência, a luz da Lua. Pergunto-me por que isso acontece. Afinal, numa base puramente estatística, vivemos basicamente em edifícios de escritórios, engarrafamentos de tráfego, residências, fábricas e centros comerciais.

Isso poderia ter que ver com coragem. Às vezes, é difícil acreditar no que ouvimos vindo de nosso coração e precisamos nos esconder um pouco na escuridão para revelá-lo. Ou, talvez, só consigamos ouvir a nossa inteligência mais profunda no silêncio. Talvez a noite seja o momento em que grandes descobertas são feitas porque vive nela uma beleza que não se mostra em outras horas. Muito embora nós, nas sociedades industriais, tenhamos esquecido isso mais que a maioria dos povos, a lição da natureza sagrada da noite é muito freqüentemente esquecida. Immanuel Kant lamentava esse nosso esquecimento afirmando que "Se as estrelas aparecessem uma vez a cada século, os seres humanos passariam toda a noite acordados maravilhando-se com a sua beleza".

E sobre o dia? A coisa surpreendente é que a beleza ainda está lá, mas escondida por outro tipo de beleza avassaladora – a luz azul que se espalha pelo céu diurno. As estrelas brilham sempre; estão no céu dia e noite. Porém, a noite é um momento livre das distrações espalhadas diariamente. Ela é um momento em que a presença das estrelas pode ser sentida mais profundamente, quando as notícias do universo podem ser acompanhadas com mais profundidade.

Os astrônomos antigos, os primeiros cosmólogos e os contadores de histórias xamânicos freqüentemente contavam suas histórias à noite. As preocupações diurnas, por mais importantes que pudessem parecer à luz do dia, à noite comumente tornam-se nada mais que distrações aborrecidas, quando está sendo contada a grande história ao brilho incandescente das brasas do fogo e da viagem da Lua através das sombras dos ramos das árvores. É na paz que a noite traz que algo imenso pode mexer nas profundezas do ouvinte, coisas não suspeitadas durante o dia. Ou, se suspeitadas brevemente, muito rapidamente esquecidas quando alguma urgência diurna expulsa a música encantadora. Tarde, bem depois que o Sol se foi – esse é o momento para as grandes surpresas no fundo da alma do ouvinte. Esse é o momento para ponderar sobre os mistérios da existência. Pois o que estava invisível, enquanto corríamos de uma atividade para outra, surge subitamente, magicamente presente, não querendo mais ser ignorado.

Como tantas transformações memoráveis da consciência humana, a descoberta do centro do universo aconteceu à noite. Ela exigiu o desenvolvimento inteligente de todos os dois milhões de anos da existência humana, que resultou

Os primeiros cosmólogos e contadores de histórias xamânicos costumavam contar suas histórias à noite – o momento para as grandes surpresas no fundo da alma do ouvinte.

numa sensibilidade profunda para as notícias do universo trazidas à Terra. Essa sensibilidade não estava em apenas um ser humano particular, mas num pequeno número de humanos, incluindo Hubble e Slipher, bem como Carl Wirtz, Howard Robertson, William de Sitter e poucos mais. Porém, num sentido simbólico, quero falar das notícias essenciais como irrompendo num ser humano em particular, vindo à tona pela primeira vez no cientista mais celebrado do nosso século. Contar a história da descoberta do lugar de origem do universo é contar a história de Albert Einstein.

O período crucial foi a segunda década do século XX em Berlim. E, embora um romancista ou historiador pudesse talvez detalhar de uma maneira mais direta os eventos que ocorreram nesse período histórico marcante da vida de Einstein, um cosmólogo tem uma dificuldade particular. Meu objetivo é contar a história do universo e, falando em Einstein, interesso-me por ele como uma história particular dentro da história maior que a inclui. Assim, para contar a história de Einstein, devo, em primeiro lugar, contar a história do universo como um todo e, depois, mostrar como a história de Einstein se encaixa na história maior.

Mas aqui está a coisa estranha. Como posso contar a história do universo sem primeiro falar de Einstein, quando ele é a fonte principal dela como um todo?

Einstein pode ser visto como uma força que destrói um mundo e cria outro. Ao pensar nele debruçado sobre a sua escrivaninha, à noite, durante os anos da I Guerra Mundial, vemos um evento se usamos a física pré-einsteiniana do período moderno. Mas vemos um evento-Einstein mais amplo e mais abrangente se usamos a física que fluiu do seu lápis numa determinada noite. Naquele momento, ele estava literalmente destruindo e, depois, reconstruindo um código fundamental da cosmologia newtoniana. Então, para entender o que estava acontecendo no andar de cima do seu apartamento em Berlim, precisamos compreender esse acontecimento usando as mesmas descobertas que iam sendo anotadas na página.

Ninguém no mundo inteiro, naquela época, podia entender a realidade do evento-Einstein. Como poderiam? Todos tinham a mente estruturada por uma ou mais das cosmologias pré-einsteinianas. No Ocidente e nos países industrializados, isso geralmente incluiria a visão de mundo newtoniana, um sistema de idéias brilhante e profundo que durou três séculos, durante todos os quais guiou a pesquisa científica e ofereceu uma autoridade para as estruturas sociais, políticas e econômicas congruentes com aquele mundo de significado.

No enfoque newtoniano, o evento-Einstein poderia ser descrito de acordo com as seguintes linhas: "Albert Einstein, em 22 de novembro de 1914, organizou a dinâmica gravitacional do universo na forma de suas equações de campo." Ou eu poderia anotar deste modo: "Em 22 de novembro de 1914, Albert Einstein criou a Teoria Geral da Relatividade, estendendo sua Teoria Especial da Relatividade para o caso em que são levados em conta os efeitos da gravitação." Essas sentenças são verdadeiras, mas falham, do modo mais grosseiro, em captar o drama real em curso naquela noite. Para ter uma noção do que estava acontecendo, precisamos refletir sobre Einstein quando ele sentou-se à escrivaninha atônito pelo que havia aparecido no papel em branco.

Para todos os que viviam nessa época, a equação de Einstein não passaria de algumas letras e de uns poucos números rabiscados na página. Mas, para Einstein, elas revelavam algo inacreditável sobre o universo como um todo. Muito embora, nessa época, ele deva ter se tornado um tanto acostumado com a regularidade com que verdades perturbadoras pingavam das pontas dos seus dedos; ele estava atônito com o que via. Por meio desses símbolos, o universo sussurrava que estava se expandindo em todas as direções. Ninguém, em três séculos de trabalho científico moderno, havia imaginado essa possibilidade. Durante toda a sua vida, Einstein afirmava que o universo era um espaço infinito imutável. Agora, ele confrontava-se com a idéia de que o espaço estava se expandindo em todas as direções. Isso não era uma modificação menor. Era uma idéia que, se verdadeira, perturbaria a visão de mundo de todos, inclusive a dele.

Newton, Herschel, Galileu, Kepler, Darwin, Curie e todos os cientistas do período moderno tomaram o universo como um macrocosmos imutável. O universo era percebido como um lugar fixo e enorme, um receptáculo celestial que abrigava as estrelas, planetas e tudo o mais. Então apareceram alguns símbolos estranhos, equações anotadas no verso de um envelope, zombando das nossas antigas perspectivas. Um arcano hieroglífico na linguagem da geometria diferencial continha uma verdade bizarra que os cientistas estariam desemaranhando durante séculos: o universo havia irrompido como um ser dotado de uma única densidade fundamental há quinze bilhões de anos. O universo tinha um local de origem, um centro no espaço, um limite para a sua existência, o ponto inicial do tempo.

Alguém poderia imaginar que Einstein rejeitou essa verdade? Que ficou nervoso? Que alterou as equações para esconder sua difícil verdade? Nisso, ele foi apenas humano, pois quantos de nós somos capazes de aceitar, de repente, a verdade inteira quando ela vem na forma de uma faca? Quantos de nós deixamos que ela corte o nosso apego a uma versão falsa da realidade sem primeiro fazer algo que lhe tire o fio e permita que nos agarremos a uma ou duas ficções a que estamos acostumados?

Einstein manipulou suas equações. Ele acrescentou um termo matemático, agora conhecido como a "constante cosmológica". Ao alterar as equações, ele retirou a história secreta de expansão dessas equações e, portanto, preservou sua adesão à idéia de um universo imutável. De seu estudo, ele só permitiu o conhecimento dessas equações alteradas. Talvez estivesse confiante de que ninguém fosse notar. Talvez estivesse esperançoso de que todos veriam as equações como outra contribuição direta para o cânone científico. Porém, como naquelas histórias mitológicas onde mudar uma palavra de um cântico sagrado lança todo o universo em ruína, assim também aconteceu com o código sagrado de Einstein.

A ciência é um empreendimento coletivo. Nenhum gênio, por mais magnífico que tenha sido, descobriu sozinho a verdade. Na Rússia, o cosmólogo matemático Alexander Friedmann, quando refletia sobre as equações de Einstein, fez o que para ele era uma descoberta espantosa. Se se trabalhasse só um pouco com essas equações, descartando esse único termo estranho, resultava que elas apontavam para um universo em expansão!

Imagine a excitação de Friedmann quando correu para escrever uma carta para Einstein a fim de contar-lhe sua descoberta. Eu gostaria que alguém tivesse fotografado o rosto dele quando abriu a carta desse jovem matemático excitado. Einstein pensava que havia escondido bem aquele assunto e, agora, ele era colocado de novo diante dele. A sentença melancólica de C. G. Jung vem à mente: "O destino está no caminho que tomamos para evitá-lo."

Como veio a ocorrer, mesmo o trabalho de Friedmann fracassou em arrancar Einstein do seu erro. Mas, na década seguinte, Edwin Hubble, na Califórnia, dirigiu seu telescópio para as galáxias distantes e viu que elas efetivamente estavam distanciando-se de nós. Finalmente, nos anos 20, quando convidou Einstein a ir ao Monte Palomar para ver por si mesmo, este se convenceu de que a velha idéia do universo como um macrocosmo fixo e imutável, a velha idéia de que ele era simplesmente uma caixa gigante, estava errada. Somente quando Einstein viu, com seus próprios olhos, as galáxias distanciando-se de nós, é que ele notou que a sua idéia original a respeito de um universo em expansão dinâmica era, de fato, a verdade.

O universo estava se expandindo. Ele tinha um limite para a sua existência. Tinha um lugar de origem. Tudo isso tinha sido previsto pelas suas equações originais. No final da sua vida, quando refletia sobre a sua jornada, com a sua obra histórica do mais alto nível de genialidade durante cinco décadas do século XX, Einstein concluiu que a manipulação das suas equações de campo para fugir às suas previsões de um universo em expansão representava "o maior erro da minha carreira científica".

10

O Lugar onde o Universo Começou

* * *

Se olhamos além da Via Láctea e além do Grupo Local de galáxias, para o interior do grande mar de aglomerados de galáxias, descobrimos que eles estão se movendo para longe de nós. Isso é verdade se olharmos para os aglomerados que estão logo acima da Via Láctea ou para o Oeste, para o Sul, para o Leste, para o Norte ou, ainda, para baixo dela. Em todas as direções para que olhamos, descobrimos os aglomerados de galáxias se expandindo para longe de nós.

Refletindo sobre essa estranha descoberta, que foi prevista pelas equações de campo originais de Einstein e confirmada pelas medições galácticas de Hubble, George Gamow e seus colaboradores concluíram que o universo como um todo deve ter começado como um ponto que explodiu num estouro titânico de energia. Pois o Hubble descobrira algo mais, algo que tornou essa conclusão inevitável. As galáxias não só estão se expandindo, distanciando-se umas das outras: elas estão se movendo numa velocidade relacionada com o espaço que existe entre elas. *Quanto mais separadas estão entre si, mais velozes elas voam para longe umas das ou-*

tras. Mais precisamente: galáxias duas vezes mais distantes estão navegando duas vezes mais rápido. Galáxias dez vezes mais distantes navegam dez vezes mais rápido.

A conclusão matemática não poderia ser mais espantosa: traçando-se o passado das trajetórias dos superaglomerados de galáxias, descobrimos um evento de energia cataclísmico no qual todo o trilhão de galáxias tornou-se um único ponto inefável, o lugar de origem do universo, a singularidade inicial do espaço-tempo, o centro do universo. Lá, naquele lugar, todo o cosmos começou como um furinho de alfinete, um furinho de alfinete com um sextilhão de toneladas imbuídas da força para relampejar na beleza da existência.

Esta enorme e complexa tapeçaria do ser – as Nuvens Magelânicas, a Via Láctea, a Galáxia de Andrômeda, com suas galáxias-satélite locais, as milhares de galáxias do aglomerado de Virgem e todos os brilhantes superaglomerados da Grande Barreira estão todos navegando a partir de um lugar de origem inicial. E cada superaglomerado afasta-se de todos os outros, todos eles surgindo de um único ponto.

A idéia de que o universo começou num lugar é, certamente, antiga na história da humanidade. A imagem de um lugar de origem do universo ocorre nas formas míticas e clássicas de consciência e, possivelmente, até antes. Imagens como a do "ovo cósmico", que se rompe e dá luz a todos os fenômenos, são encontradas nas culturas neolíticas de todo o planeta. Assim, a descoberta científica tem essa natureza dupla de ser simultaneamente nova e velha. As teorias matemáticas e os dados resultantes de observação são efetivamente novos e representam um novo tipo de saber; no entanto, as imagens que o cobrem são muito antigas.

Precisamos distinguir continuamente o empreendimento científico das formas de investigação anteriores para evitar os dois erros mais comuns: insistir em que a compreensão científica é totalmente divorciada de outros tipos de conhecimento ou afirmar que, em essência, não existe diferença entre a forma de conhecimento científico moderno e as outras formas de conhecimento. Cada modo é fundamental e qualitativamente diferente dos outros. A ciência é uma investigação do universo enraizada em detalhes físicos empiricamente verificáveis e é complementar às nossas investigações anteriores e mais intuitivas da realidade. A meta não é eliminar uma forma de conhecimento em favor de outra; num sentido fundamental, é uma compreensão integral do universo baseada tanto nos detalhes científicos empíricos como nas nossas visões poéticas primordiais do cosmos.

Uma das principais diferenças nessas abordagens é a hipótese científica. A ciência não avança de um fato bem estabelecido para o próximo. Antes, ela avança com uma série de hipóteses que podem ser testadas e rejeitadas com base em descobertas empíricas. Então, a ciência oferece uma história hipotética da realidade que é constantemente revisada, mas mais forte e mais segura a cada geração pela simples razão de que um corpo de experiência sempre maior é apropriado no seu enfoque intelectual.

Podemos considerar o processo pelo qual a ciência estabelece o conhecimento observando o postulado de Gamow de que o universo começou numa grande explosão. Quando ele apresentou esse postulado pela primeira vez, tornou-se apenas uma entre diversas teorias diferentes sobre o universo e seu desenvolvimento. Cada uma delas fazia considerações sobre os fatos do universo que conhecemos, mas também fazia previsões sobre os fatos que descobriríamos no futuro. O postulado de Gamow de um começo chamejante ascendeu lentamente do *status* de postulado ao de conhecimento científico quando, durante o curso de várias décadas, as previsões derivadas da sua teoria se mostraram verdadeiras, uma após outra.

Para dar apenas um exemplo, podemos considerar a previsão de Gamow de que deve haver, em todo o universo, uma forma de radiação que provém do seu primeiro aparecimento. Essa e outras previsões foram debatidas por cientistas, filósofos e teólogos sem que ninguém estabelecesse se elas representavam, ou não, um conhecimento efetivo. Para saber se a teoria trazia um novo conhecimento, alguém teria de conferir com o universo. Foi então que, nos anos 60, todo o debate teórico foi posto de lado quando Arno Penzias e Robert Wilson detectaram efetivamente a remota radiação cósmica prevista por Gamow. Ali estava a opaca incandescência deixada pela erupção do universo no começo do tempo. Penzias e Wilson captaram os fótons – as partículas de luz – que haviam sido postos em movimento há quinze bilhões de anos quando o universo começou a existir.

Com essa descoberta em mente, já estamos prontos para outra trajetória em direção ao significado da sentença: "O lugar de origem do universo está distante quinze bilhões de anos-luz."

A luz que Penzias e Wilson descobriram originou-se na própria bola de fogo primitiva e havia estado viajando por quinze bilhões de anos. Rastrear esses fótons até sua origem, há quinze bilhões de anos, é seguir o caminho de volta àquele lugar sagrado onde o universo explodiu pela primeira vez em existência. O lugar de onde os fótons partiram é o centro cósmico, o umbigo do mundo, o ponto de origem sagrado do ser, um lugar dotado da estupenda fecundidade necessária para gerar o cosmos.

Enquanto a consciência mítica antiga podia criar imagens do nosso nascimento cósmico e a consciência clássica começava a raciocinar filosófica e teologicamente sobre o começo do universo, a consciência científica localizou de maneira empírica o lugar de origem do universo. Eu não quero nem afirmar que os cientistas foram os primeiros a descobrir a história – obviamente os seres humanos falaram durante milênios, em várias línguas, sobre o nascimento do universo – nem pretendo que ela esteja apenas corroborando o que povos primitivos já sabiam – agora temos detalhes da história que nunca haviam sido sequer suspeitados. Pelo contrário, quero lembrar que os humanos têm uma variedade de caminhos para a verdade e quando essas diversas rotas chegam a um conhecimento consensual comum, temos a possibilidade de uma história do universo que pode nos guiar como espécie quando entramos num novo milênio.

Se as novas da ciência consistissem unicamente no fato de que o lugar de origem do universo podia ser alcançado pelo rastreamento do caminho dos fótons primordiais até seu lugar de origem, já teríamos uma nova e magnífica compreensão do universo, pois então teríamos calculado o lugar do aparecimento do ovo cósmico. Mas a história é ainda mais complexa. Para chegar a uma compreensão mais plena, precisamos ir além de um paradoxo que evitei mencionar de forma explícita, mas que muito provavelmente está encravado no fundo da sua mente, com sua aparente irracionalidade esgotando sua energia psíquica.

11

Uma Multiplicidade de Centros

* * *

Afirmei antes que, quando Edwin Hubble começou a observar as galáxias, ele descobriu que seus aglomerados estavam se afastando de nós em todas as direções. O que eu não indiquei ali é a conclusão espantosa que, em termos de expansão cósmica, nós *estamos no centro do cosmos*. Este é, efetivamente, um desenvolvimento estranho e totalmente inesperado.

Se essa descoberta tivesse sido feita na Europa durante o período medieval, não teria causado nenhuma surpresa, pois a visão de mundo que reinava naquela época colocava a Terra no centro do universo. Estender o caráter central da Terra para o centro da expansão de todos os aglomerados de galáxias não criaria grandes exigências para a mente medieval.

Porém, é claro, quando Hubble fez sua descoberta, já não vivíamos com a visão de mundo medieval. Já tínhamos aprendido, com Copérnico, que a Terra não é um ponto fixo no centro do universo. Ela é um planeta em movimento em torno de uma estrela que é uma das trezentos bilhões de estrelas da Via Láctea que, por sua vez, é uma de um trilhão de galáxias no grande universo. Se aprendemos alguma coisa durante os últimos quatrocentos anos, desde que Copérnico começou essa grande busca, certamente foi que a Terra não é um centro fixo em torno do qual todos os planetas e estrelas orbitam.

Todavia, ali estava essa nova revelação situando-nos no centro da expansão cósmica dos aglomerados de galáxias. O nosso Superaglomerado de Virgem não estava se movendo absolutamente e todos os outros aglomerados estavam se distanciando de nós. O que devíamos fazer com isso?

Complicando o nosso desafio está a consternação dos cientistas que descobriram a expansão. Pois, se pudéssemos convencer a nós mesmos de que a esperança secreta de Einstein era nos colocar no centro do universo, poderíamos desconsiderar o seu trabalho e outros semelhantes como uma imposição ideológica sobre o universo. Pelo contrário, como já examinamos explicitamente no caso de Einstein e, como também era verdade no caso de outros cientistas, os verdadeiros descobridores da expansão cósmica rejeitaram a idéia e fizeram tudo o que podiam para evitar aceitá-la.

Tivessem as tendências culturais e pessoais desses cientistas determinado o que viam, eles não teriam descoberto que todos os aglomerados estavam se afastando de nós tão simetricamente que estávamos situados bem no centro dessa expansão cósmica. Se eles estivessem livres para distorcer os dados e adequá-los às suas próprias noções preconcebidas sobre a natureza em grande escala do universo, teriam anunciado que todas as galáxias eram fixas com relação umas às outras, que é o que as equações adulteradas de Einstein sugeriam. Ou, se não pudessem ter um universo imutável, poderiam ter preferido um no qual todas as galáxias estivessem se movendo na mesma direção, um Grande Rio de

Quando visualizamos o nascimento do cosmos como algum tipo de explosão acontecendo em algum lugar longe de onde estamos observando, onde estamos exatamente? Como podemos estar fora do universo se, desde seu início, fomos tecidos com ele?

galáxias. Então, pelo menos, não estaríamos em nenhum lugar especial. Então, essa descoberta se ajustaria facilmente à cultura moderna, pois sugeriria que éramos insignificantes, sem um significado cósmico, como Friedrich Nietzsche, Jean-Paul Sartre, Bertrand Russell e tantos outros filósofos modernos pensavam. A Terra seria apenas uma casquinha carregada pela Grande Corrente.

O que Hubble descobriu não se encaixou nos preconceitos da nossa cultura moderna, mas, na verdade, os rompeu. Porém, em vez de alterar os dados, ele os publicou. Ele não oferecia uma justificativa filosófica contra ou a favor deles. Ele simplesmente tornou público o que havia descoberto no limite final da consciência humana: em termos do universo como um todo e da sua expansão de quinze bilhões de anos, acontece que nós estamos no meio.

A descoberta de Hubble não está em contradição com o que Copérnico aprendeu; pelo contrário, sua descoberta é um prosseguimento da investigação da exploração cosmológica iniciada por Copérnico. Este deu início a uma investigação que removeu a Terra do centro do universo, e depois o Sol e, depois, tudo. Contudo, após quatrocentos anos de pesquisa empírica, ocorreu uma grande reversão, que nos mostra o centro em um universo enormemente mais gigantesco do que aquele sistema solar e suas estrelas próximas que Copérnico e Galileu conheciam. Não voltamos para o cômodo mundo geocêntrico medieval, mas entramos num imenso cosmos evolucionário, centrado na sua própria expansão. Para apreciar plenamente essa nova compreensão do centro cósmico, temos agora de lidar com o paradoxo aparente no coração dos dados.

Apresentei duas descobertas que parecem estar em conflito entre si. Primeiro, em termos da luz do começo do tempo, que foi detectada por Penzias e Wilson, o lugar de origem do universo está a quinze bilhões de anos-luz de distância de nós. Segundo, em termos da expansão das galáxias, que é a descoberta de Hubble, estamos no próprio centro do universo. Precisamos considerar essa estranha situação segundo a qual estamos simultaneamente no centro da expansão cósmica e distantes quinze bilhões de anos-luz da origem da explosão cósmica. O paradoxo é este: como podemos estar tanto no centro como quinze bilhões de anos-luz distantes do centro?

Temos essa dificuldade com essa descoberta porque nossa mente foi formada e educada numa cultura firmemente enraizada na visão de mundo newtoniana. Muito embora saibamos, agora, que a física newtoniana não é adequada para o entendimento completo do enorme universo evolucionário que foi descoberto desde a sua morte, estamos, todavia, apegados à consciência newtoniana porque ela constitui a base de nossas principais instituições – incluindo nossos sistemas educacionais. O desafio de compreender um universo einsteiniano é um desafio efetivamente real. Precisamos reinventar nossa mente para que não distorçamos descobertas mantendo-as em categorias newtonianas que são incapazes de tocar a verdade que descobrimos.

Para dar um único exemplo que tenha ligação com a nossa discussão acerca do centro: quando ouvimos que o universo começou numa grande explosão há quinze bilhões de anos, visualizamos isso como alguma coisa parecida com a explosão de fogos de artifício do Dia da Independência. Primeiro, existe só espaço vazio, então, acontece essa grande explosão de cores em todas as direções. Somos forçados a visualizar o nascimento do universo dessa forma porque a cosmologia newtoniana o considerava como um espaço fixo gigante dentro do qual as coisas movem-se por aí, reúnem-se e assim por diante. A formação da nossa mente na infância já nos compele a visualizar o nascimento do universo como uma explosão que acontece num espaço já existente.

Mas essa compreensão do começo do universo é tanto falsa quanto profundamente equivocada. O nascimento do universo significa não apenas o nascimento de todas as partículas elementares, nem apenas o nascimento de toda luz e energia dele, também significa *o nascimento do espaço e do tempo do universo*. Não há espaço newtoniano preexistente dentro do qual o universo explode. Não há cronômetro newtoniano externo funcionando fora do universo. O tempo e o espaço irrompem juntos com a massa e a energia no mistério primordial da sua explosão.

A maneira mais simples de ver a inadequação das suposições newtonianas da nossa mente a respeito do começo do universo é fazer uma pergunta simples. Quando eu visualizo o nascimento do cosmos como algum tipo de explosão que está acontecendo a distância, longe de mim, longe de onde a estou observando, onde estou? Onde eu estou apoiando os meus pés? Como é que eu posso estar fora do universo e assistir o seu nascimento se eu próprio, desde o começo, faço parte desse nascimento?

É preciso uma reeducação da mente para ver sentido no que descobrimos. O padrão arquetípico principal para a compreensão da natureza do nascimento e desenvolvimento do universo é a onicentricidade. Sua estrutura em grande escala é qualitativamente mais complexa que a figura geocêntrica das culturas medievais ou que o espaço fixo newtoniano da cultura moderna, pois descobrimos um universo evolucionário onicêntrico, uma realidade em desenvolvimento que, desde o início, está centrada em si mesma em cada lugar da sua existência. Neste nosso universo, existir é estar no centro cósmico de um todo cada vez mais complexo.

Se há seres como Hubble no aglomerado de galáxias Hércules, à distância de setecentos milhões de anos-luz, e essas criaturas estão estudando o universo a partir dessa perspectiva, elas também descobrirão que, nele, as galáxias estão se afastando delas. Então, irão concluir, com base nessa evidência, que estão no centro da expansão do universo, e estarão corretas. Nossa mente newtoniana poderia sentir-se pouco à vontade na tarefa de apropriar-se desse conhecimento, mas as nossas dificuldades pessoais não mudam a natureza desse universo. Assim como a primeira reação de Einstein, quando teve um vislumbre do nosso cosmos evolucionário onicêntrico, foi recuar e insistir em que o universo não podia ser assim, no nosso próprio esforço, às vezes também desejamos que o universo não fosse tão complexo, nem tão misterioso. Mas ele será o que for a despeito de se nós, humanos, o aceitamos como ele é ou não.

Há uma imagem na literatura científica que pode dar alguma ajuda na jornada rumo a um universo onicêntrico. Eu a apresento com algum receio porque a imagem, embora de algum modo seja valiosa, de outro modo, é inadequada, como mostrarei. Minha esperança é a de que ela possa nos ajudar a dar um primeiro passo para além da falsa visão do universo como um espaço fixo. E talvez ela pudesse ajudar a despertar nos outros imagens mais adequadas da natureza do universo que se tornará uma parte regular da nossa educação cosmológica no futuro.

Imagine que você está dentro de um bolo de passas enquanto ele está sendo assado. O ponto crucial é começar seu trabalho de imaginação a partir do *interior* do processo ao invés de fora dele. Assim, temos de esquecer as inoportunas questões newtonianas a respeito do forno, da casca do bolo ou qualquer outra preocupação que surge quando tentamos entender o processo a partir de *fora*. Estamos dentro de um processo cósmico; mesmo os nossos pensamentos sobre esse processo são simplesmente mais outro fluxo interessante de microeventos acontecendo dentro do grande macroevento do desenvolvimento de quinze bilhões de anos.

Assim, nessa imagem em particular, precisamos voltar nossa imaginação para o centro do bolo de passas que está sendo assado. Particularmente, imagine a si mesmo em uma passa e olhe ao redor. Você verá que todas as outras passas estão se distanciando à medida que o bolo assa, de modo que, em termos da expansão do bolo, você se encontra no próprio centro. E todos os outros que estiverem em quaisquer outras passas do bolo chegariam a uma conclusão semelhante – logo, temos nesse bolo de passas um modelo para uma realidade onicêntrica.

Mas há mais. Suponha que agora você tente determinar se você e a sua passa estão ou não se movendo em relação ao bolo. O que descobrirá, naturalmente, é que você está parado no lugar, pois a sua passa está *estacionária* em relação ao bolo ao redor. E quando pensa um pouco sobre isso, descobre que a verdadeira razão por que as passas estão se distanciando é a *expansão* do bolo. Você e a sua passa não estão sequer se movendo; é o espaço entre as passas que está aumentando.

E assim, precisamente, é como entendemos a expansão do cosmos. Não como o movimento de galáxias através de um espaço newtoniano fixo já existente. É muito mais interessante que isso. A causa da expansão do universo é o espaço que passa a existir, arremessando os aglomerados para longe uns dos outros. O tamanho de cada aglomerado de galáxias continua o mesmo, mas o espaço *entre* eles aumenta a cada instante, o que resulta num universo ainda maior. Essa é a nossa nova compreensão do cosmos como um todo. Um espírito desvairado expira gigantescas fendas de espaço que fazem explodir a primeira bola de fogo numa grande e crescente imensidão em cujo centro nos encontramos.

Em termos da expansão em grande escala do universo, não estamos nos movendo. Estamos no centro estável e imóvel dessa expansão. Estar no universo é estar no seu centro.

Agora estamos em posição de mostrar como o paradoxo aparente de estar no centro e a quinze bilhões de anos-luz do mesmo é, na verdade, simplesmente, um aspecto contraintuitivo da existência num universo em expansão. Para ver isso, imagine que estamos de volta ao início do tempo; que estamos de fato bem no momento em que a bola de fogo começa a quebrar-se e soltar sua luz em todas as direções.

Agora, vamos seguir a aventura de uma partícula de luz que é liberada muito próximo de nós. *Se o universo não estivesse se expandindo*, essa partícula voaria através da distância ficando longe de nós em questão de instantes. Mas, desde que ele não está apenas se expandindo, mas o está fazendo de modo extremamente rápido, ela tem de viajar uma distância muito maior à medida que o tempo passa. É como se estivéssemos esperando no topo da escada rolante "descendente" e alguém, no segundo degrau, quisesse nos alcançar.

A escada rolante começa a descer muito rapidamente, de modo que o nosso amigo, cuja velocidade particular nunca varia, logo é carregado para longe de nós. Mas, à medida que o tempo passa, a escada rolante começa a diminuir de velocidade, de modo que, finalmente, nosso amigo faz todo o caminho de volta escada acima e se junta a nós no topo.

Foi apenas isso o que aconteceu com os fótons de luz liberados nos momentos iniciais do universo. Aqueles fótons que estavam viajando na nossa direção foram levados para longe de nós pela rápida expansão do universo. Mas, como com uma bola atirada para o céu, cuja velocidade inicial ascendente diminui a cada segundo que passa, assim também acontece com a expansão do universo, que começou com muita rapidez mas tem ficado mais devagar por quinze bilhões de anos. Aqueles fótons que inicialmente foram varridos para longe de nós, continuaram viajando na nossa direção e, finalmente, completaram a viagem até nós.

Os fótons que chegaram aqui em 1965, e foram detectados por Penzias e Wilson, haviam estado viajando na nossa direção por quinze bilhões de anos. Assim, podemos dizer que o lugar de origem deles *agora* está a quinze bilhões de anos-luz de nós. Por outro lado, se voltamos no tempo, descobrimos que o lugar de origem deles, *naquele momento*, é muito próximo de onde estamos agora.

O nosso lugar aqui na Terra, no Superaglomerado de Virgem, também foi um ponto de origem de uma parte dessa luz primordial, mas nós, no século XX, não vemos esses fótons. A matéria de que somos compostos ficou *aqui* como a luz primordial que emanou para longe de nós quinze bilhões de anos atrás. Se existem seres inteligentes em outros lugares do universo, eles podem estar detectando esses fótons que saíram daqui e que agora chegam ao seu sistema planetário distante com notícias do *nosso lugar* como a origem da luz desde o começo dos tempos. Então, nós existimos bem no ponto de origem do universo, porque nele todos os lugares são aquele lugar onde o universo explodiu e começou a existir.

12

De onde Veio o Universo?

* * *

Agora que chegamos ao local de origem do universo, temos uma última questão para investigar: "Se o universo começou há quinze bilhões de anos num estouro de energia, de onde veio toda essa energia?" Precisamos completar a nossa jornada até o centro abordando a força que teve origem no centro.

A descoberta de que existimos no lugar de origem do universo é monumental. Equivale a uma declaração cultural de que a humanidade está no meio de um movimento rumo a uma nova compreensão cosmológica de si mesma. Quanto tempo levará esse processo de apropriação dessas verdades e a reinvenção do ser humano nesse novo e enorme contexto é difícil dizer, porque elas são de uma natureza radical. Para tomar nosso principal exemplo, um universo onicêntrico parece contradizer o que temos afirmado como completamente óbvio sobre o tempo, o espaço e a energia. Porém, mesmo antes que possamos parar e assimilar a verdade da onicentricidade, precisamos abordar uma descoberta que é, de várias maneiras, ainda mais difícil de absorver que a natureza onicêntrica do nosso nascimento e evolução.

Levando em conta tudo isso, eu acho que manter Einstein em mente ajuda. Pois se alguém, com esses extraordinários poderes conceituais, teve dificuldade para se apropriar da nova história do universo, também podemos esperar ter algumas dificuldades à medida que nos empenhamos para adquirir conhecimento. O surgimento de novas verdades a respeito das questões cosmológicas às vezes é recebido com medo, alegria ou tristeza. Tensões emocionais são inevitáveis, pois não existe uma maneira cerebral fácil de aceitar uma revisão do universo em suas dimensões mais básicas. Novamente, invoco o gênio de Einstein quando nos confrontamos com uma última descoberta do século XX, a do vácuo quântico.

Como eu disse antes, uma das principais dificuldades para compreender a nova história é a forma newtoniana da nossa mente. Isto não é, em lugar nenhum, mais verdadeiro que no modo com que a compreensão moderna impõe-nos preconceitos a respeito do "vácuo". Para a mente moderna, "vácuo" significa espaço vazio. Significa nulidade. Significa "nada". E, conquanto haja um modo no qual essas frases possam ser consideradas verdadeiras, descobrimos uma dimensão mais sutil e profunda para o vácuo, que precisamos explorar aqui.

As discussões a respeito do vácuo às vezes apontam para regiões entre os superaglomerados como a melhor aproximação de um vácuo puro, e esse é um procedimento razoável. Certamente, a matéria e a energia são extremamente raras entre os aglomerados de galáxias. Mas a conseqüência infeliz de falar nesses termos é dar a idéia de que ele está longe, e isso simplesmente não é verdade. Ele está em todos os lugares e o lugar a que eu quero me referir para discuti-lo é o espaço que está bem à sua frente.

Para incorporar a idéia, junte as mãos em concha e pense no que você tem ali. Quais são os conteúdos na concha de suas mãos? Primeiro, em termos quantitativos, seriam as moléculas de ar – as de nitrogênio, oxigênio, dióxido de carbono e traços de outros gases. Haveria muito mais de um bilhão de trilhões delas. Se imaginarmos a remoção de cada um desses átomos, ficaríamos segurando partículas extremamente pequenas como neutrinos do Sol. Além disso, haveria energia radioativa na forma de luz invisível, como os fótons da explosão original do universo ou da Galáxia de Andrômeda e outras fontes. Para ir até a nulidade, teríamos de remover não apenas todas as partículas subatômicas, mas também todas e cada uma dessas partículas de luz invisível.

Mas, agora, imagine que tenhamos feito isso de alguma maneira, de modo que não restam nas suas mãos em concha quaisquer moléculas, nem partículas, nem fótons. Toda matéria e radiação foi removida. Nada foi esquecido; nenhum objeto, nenhum conteúdo, nenhum item que possa ser contado ou medido. O que restaria seria aquilo a que os povos modernos se referem como o "vácuo", o "vazio" ou o "espaço puro".

Agora, passemos às notícias: a investigação cuidadosa desse vácuo por físicos quânticos revela o estranho aparecimento de partículas elementares nesse vazio. Mesmo quando não existem átomos, nem partículas elementares, nem fótons, surgirão, subitamente, partículas elementares. As partículas simplesmente borbulham para a existência.

Eu compreendo o quanto isso pode parecer estranho e descabido para quem o esteja ouvindo pela primeira vez. Mas, simplesmente, não existe um modo de tornar essa descoberta "razoável". A maioria de nós tem mente newtoniana com um preconceito inerente que considera o vácuo como algo morto. Se insistimos que só o que é material é real e que o vácuo é morto e inerte, teremos de encontrar algum jeito de nos mantermos na ignorância dessa profunda descoberta dos físicos: partículas emergem do "vácuo". Elas não se esgueiram de algum esconderijo quando não estamos olhando. Nem são pontos de luz que se transformaram em prótons. Essas partículas elementares brotam do próprio vácuo – essa é a estranha e admirável descoberta. Estou pedindo a você para contemplar um universo no qual, de algum modo, o próprio ser brota de um campo de "vazio fecundo".

Quanto mais cuidadosamente estudamos o universo, mais estranho ele se torna. Esse aparecimento de partículas de um campo não-visível não é um evento incomum que acontece lá nas regiões entre os superaglomerados de galáxias. Esse aparecimento radical acontece por todo o universo. A razão por que custou-nos tantos milênios para descobrir esse processo é a sua sutileza. Ele acontece numa dimensão muito mais sutil do que a que os nossos olhos podem perceber. O mais comum é que as partículas surjam em pares que rapidamente agem entre si e aniquilam uma à outra. Elétrons e pósitrons, prótons e antiprótons, todos esses estão brotando e, com a mesma rapidez, desvanecendo novamente. Essa atividade criativa e destrutiva acontece o tempo todo e em todos os lugares do universo.

O substrato do universo é, assim, uma plenitude vazia, uma nulidade fecunda. Muito embora essa descoberta possa ser difícil, senão impossível, de visualizar, podemos, todavia, falar uma verdade mais profunda a respeito do estado básico do universo. Primeiramente, ele não é inerte. Sua base não é uma coisa morta, o fundo do barril. A base do universo é fervilhante de criatividade; tanto é assim que os cientistas referem-se ao estado básico do universo como uma "espuma do espaço-tempo".

Antes que avancemos nessa discussão, quero parar um momento e refletir brevemente sobre duas das razões por que essa descoberta será especialmente difícil para nós, povos modernos e pós-modernos, compreendermos. A primeira dificuldade é lingüística; a segunda, filosófica.

"Vácuo" como palavra é verdadeiramente patético como veículo para o que estamos pretendendo aqui. Pelo menos na língua inglesa, *vacuum* faz-nos pensar no *vacuum cleaner*, um aparelho pequeno, quadrado, ligado a tubos, que é especialmente bom para sugar papéis de chicletes de sob os bancos dos carros. Há algo terrivelmente errado em usar uma palavra com essas conotações domésticas para se referir à força geradora básica do universo. Tenho sugestões para substituí-la, mas, antes de discutir esse assunto, vamos considerar a segunda dificuldade, a filosófica.

Porções significativas da nossa consciência moderna, tecnocrática, são baseadas na suposição filosófica de que "realidade" significa "coisas materiais". Supomos, além disso, em geral inconscientemente, que o "realmente real" do objeto material é a sua parte componente. O *todo* é visto como fútil e derivativo; a parte, como firme e primária. O Sol é tomado como real, mas os átomos que o constituem são ainda mais reais, pois são os blocos construtivos que permitem que ele exista. Este materialismo reducionista também vale para a nossa compreensão de um ser vivo. Um animal é certamente real, porém também é vulnerável à morte e à decadência de uma maneira que não afeta os átomos que o compõem. Assim, nos preocupamos quanto a se nossa morte pessoal resultará ou não na extinção de nosso ser, enquanto continuamos profundamente certos de que os átomos que compõem o nosso corpo perdurarão por muito tempo depois da nossa morte.

Nosso materialismo reducionista é fruto de uma tradição científica que sustentava que o universo era constituído de átomos indestrutíveis e que remonta pelo menos até Demócrito na Grécia clássica. Certamente, o entendimento científico beneficiou-se tremendamente dessa tradição. Por causa dela, chegamos a determinar como todos os objetos do universo são efetivamente compostos de vários átomos. Isso estava longe do óbvio para antigos pesquisadores e foi, na verdade, contestado veementemente até que fosse provado empiricamente. Descobrir que nuvens cúmulos, o Sol e uma garça são todos compostos dos mesmos elementos atômicos é indubitavelmente uma das maiores conquistas da ventura humana, e a teoria atômica da matéria está inquestionavelmente entre as mais robustas da ciência contemporânea.

A dificuldade começa quando passamos para a suposição filosófica posterior de que a realidade é idêntica a esses átomos. Esse era um erro fácil de ser cometido. Se cada coisa é composta de átomos, por que não considerar o próprio átomo como a base da realidade de uma coisa? Esse erro era ainda mais fácil no início do período moderno, quando cientistas, como o próprio Newton, sustentavam que os átomos eram indestrutíveis, eternos, os pilares do universo. Finalmente, as pessoas vieram a pensar que ser uma coisa significava ser um agregado de átomos, nada mais, nada menos.

Pôr em dúvida o materialismo reducionista será uma experiência desconcertante para a sociedade industrial. Às vezes, penso que os efeitos sobre a cultura contemporânea serão semelhantes aos experimentados em um período anterior da história humana quando a idéia do direito divino dos reis foi posta em questão. Por séculos, e mesmo por milênios, as pessoas tinham como óbvio o direito de governar da família real. Os reis eram considerados ou divinos, como no Egito clássico, diretamente descendentes da divindade, como na Índia antiga, ou ordenados divinamente, como na Europa medieval.

Subitamente, surgiu uma nova idéia sugerindo que os reis não eram divinos, nem ordenados divinamente para governar, mas que o lugar real da autoridade política não cabia a um subconjunto geneticamente determinado da humanidade, mas a todo o povo. Assim começou a mudança na consciência que levou às revoluções democráticas que transformaram o mundo.

Observo que, ao comparar nosso materialismo reducionista com o direito divino dos reis, estou comparando metafísica com filosofia política, e isso pode, à primeira vista, parecer impróprio. Mas as implicações políticas do materialismo reducionista são bastante reais. Para avaliá-las, precisamos somente notar a conexão entre a nossa convicção de que o material é a fundação da realidade e a nossa devoção ao consumismo.

Se o conteúdo material é entendido como sendo a própria base do ser, iremos muito naturalmente devotar nossa vida e nossa educação à tarefa de adquirir esse conteúdo, pois os seres humanos têm um tropismo inato para ser ou existir. Nós nos movemos naturalmente na direção daquilo que estamos convencidos ser maior ou ter mais valor. Bem como numa época mais antiga ela se devotava a servir os mandos do rei para tornar-se diretamente envolvida com o verdadeiramente real, assim a nossa era dedica-se a adquirir comodidades para entrar no mundo maravilhoso prometido pelos nossos anunciantes. Sugerir agora que o material não é a única realidade básica no universo lança alguma dúvida sobre uma das justificativas filosóficas do consumismo. E começar a duvidar das bases inquestionadas das convicções da sociedade é uma atividade perigosamente criativa e possivelmente destrutiva, que a maioria dos monarcas, se tivessem sobrevivido, iria, sem dúvida, corroborar.

13

O Abismo Onicriador

* * *

A verdadeira significação da descoberta do vácuo quântico é a nova compreensão que ele dá a respeito da realidade do *não-visível*. Digo não-visível, em vez de invisível, pois muitas coisas são "invisíveis" para nós e, ainda assim, capazes de ser vistas. Os átomos são pequenos demais para serem detectados a olho nu, mas podem ser vistos se forem suficientemente aumentados. O *não-visível*, por outro lado, é o que nunca pode ser visto porque não é nem uma coisa material, nem uma constelação de energia. Além do mais, a natureza do mundo não-visível difere tão radicalmente do mundo material que não pode sequer ser *figurada*. Ela é tanto não-visível quanto *não-visualizável*. Mesmo assim, é profundamente real e poderosa. A apropriação da nova cosmologia depende de uma compreensão da realidade e do poder do domínio não-visível e não-material.

Na física contemporânea, o domínio não-visível não é figurado, nem recebe qualquer tipo de forma geométrica. Em vez disso, é descrito matematicamente e referido com palavras como "campos de *quantum*", "potencial de *quantum*", "falso *quantum*", "ondas de possibilidades" e "funções de onda universal". Para simplificar, quero referir-me a esse domínio não-material com uma única frase e há muitas possibilidades entre as quais escolher.

Poderíamos simplesmente usar uma das frases da física, como a "função de onda universal". Mas os inconvenientes desse procedimento são duplos. Primeiro, a questão de usar erradamente as linguagens da ciência. A ciência não é como a cosmologia, mesmo quando esta última é profundamente informada pela primeira. A cosmologia é a história do nascimento, desenvolvimento e destino do universo, contada com o objetivo de ajudar os seres humanos na sua tarefa de identificar seus papéis no grande drama. A ciência, por outro lado, visa obter uma compreensão detalhada dos processos físicos do universo. A linguagem criada para ela não foi criada para trabalhar para a cosmologia, e sobrecarregá-la com este papel mais amplo levaria indubitavelmente a ambigüidades indesejáveis.

O segundo inconveniente de usar a linguagem da ciência para propósitos cosmológicos é a carga desnecessária do viés materialista, mecanicista e reducionista da ciência moderna. Muito embora essa exploração científica tendenciosa tenha desaguado na descoberta desse domínio de poder não-material, sua linguagem continuará a ser impregnada pela sua história. Tomar frases diretamente da ciência é arriscar confinar a imaginação humana nos estreitos corredores que ela freqüentou durante os últimos séculos, enquanto, hoje, suas descobertas clamam por uma consciência muito mais rica e profunda.

Uma segunda maneira de identificar a base do universo seria tomar, não a linguagem da ciência, mas a da teologia; mas isso seria igualmente problemático. Certamente, é verdade que os humanos nas tradições clássicas refletiram durante milênios sobre a possibilidade de gerar, e embora essa meditação fosse baseada em modos de investigação diferentes dos da ciência moderna, gerou idéias de profundo significado na busca da compreensão. Em vez de falar de partículas espumando da função da onda universal ou do vácuo quântico, esses teólogos falariam da capacidade de gerar do Logos, do Tao ou do Sunyata.

Cosmologia não é o mesmo que teologia; como antes, no caso usando as palavras da ciência, haveria a questão de usar erradamente suas linguagens. A teologia é a investigação racional da natureza de Deus e do relacionamento da humanidade com Ele. Os termos de seu discurso não foram inventados para contar a história do universo, e forçar sua terminologia a serviço da cosmologia seria quase certamente criar muitas confusões desnecessárias.

Uma segunda dificuldade igualmente séria em juntar termos da teologia para contar a nova história do universo é o resíduo entretecido na teologia moderna. Durante a idade moderna, grande parte da teologia voltou-se para os aspectos únicos do relacionamento homem-Deus e a intenção disso era dar à teologia um viés sutil e às vezes total contra a natureza não-humana. A grande novidade do nosso tempo é a história evolucionária na qual nos damos conta de que nós, humanos, estamos todos mergulhados num universo vivo em desenvolvimento, e que somos, portanto, primos de tudo o que existe no universo. Usar uma linguagem teológica que enfatiza a nossa separação em relação ao universo é sobrecarregar a nossa intenção com uma carga desnecessária.

A cosmologia, como uma antiga tradição de sabedoria, tira elementos da ciência, da teologia, da arte, da poesia e da filosofia; porém, falando estritamente, tem a sua própria e distinta tradição. Não é uma questão de evitar totalmente termos científicos ou teológicos, mas, antes, objetivar uma linguagem que se enraíze na experiência de viver num cosmos em desdobramento.

Eu uso a expressão "abismo onicriador" como um meio de apontar para esse mistério na base do ser. Uma vantagem dessa designação é a sua dupla ênfase: a potencialidade de gerar do universo é indicada com o termo "onicriador", mas seu poder de infinita absorção é indicado com "abismo".

O universo surge do abismo onicriador, não apenas há quinze bilhões de anos mas em todos os momentos. A cada instante, prótons e antiprótons estão faiscando para fora dele e sendo subitamente reabsorvidos. Então, ele não é uma coisa, nem numa coleção de coisas, nem mesmo, falando estritamente, um lugar físico, mas, antes, uma energia que gera e que absorve existência na aniquilação de uma coisa.

A realidade básica do universo é esse oceano de potencialidade não-visto. Se todas as coisas individuais do universo evaporassem, ficar-se-ia com uma infinidade do puro poder de gerar.

Cada coisa é direta e essencialmente baseada no abismo onicriador. Embora pensemos no nosso corpo como denso e preenchendo completamente o espaço que ocupa, a investigação cuidadosa da matéria mostrou que não é esse o caso. O volume de partículas elementares é extremamente pequeno quando comparado com o volume dos átomos que elas formam. Logo, a natureza essencial de qualquer átomo é menos material do que um "espaço vazio". Mesmo dessa perspectiva elementar, podemos começar a avaliar que a raiz de qualquer coisa ou de qualquer ser não é a matéria de que são compostos, mas a matéria junto com o poder que dá surgimento à matéria.

O abismo onicriador está atuando incessantemente em todo o universo. Não é possível encontrar nenhum lugar no universo que esteja fora dessa atividade. Mesmo na região mais escura, além da Grande Barreira de galáxias, no vazio entre os superaglomerados, nas brechas entre as sinapses dos neurônios no cérebro ocorre um espumar incessante, uma chama de faíscas, um brilhar para fora e um dissolver-se para dentro.

A importância da tradição cosmológica é o seu poder de despertar as convicções profundas necessárias à sabedoria. O conhecimento do abismo onicriador é o começo de um processo que alcança sua plenitude na sua prova direta. Pensamos muito e arduamente sobre esses temas como uma maneira de nos prepararmos para provar e sentir as profundezas de uma realidade que sempre esteve presente, mas que de tão sutil, nos escapava.

Talvez no próximo milênio as convicções religiosas dos jovens sejam despertadas e estabelecidas primeiramente por contatos significativos com os mistérios do universo, e só depois pelo estudo das escrituras sagradas. A tarefa da educação visará, então, aprender de que modo "ler" o universo para que se possa entrar nele e habitá-lo como um evento de comunhão.

Como uma breve ilustração do que quero dizer aqui, eu gostaria de considerar a Lua à noite, e indicar como, na nova cosmologia, ela pode se tornar um ativador daquelas convicções profundas necessárias à sabedoria.

Antes que tivéssemos uma compreensão da natureza quântica do universo, nós podíamos facilmente pensar na

Lua como apenas aquele objeto no céu. Sua luz era vista apenas como a luz do Sol sendo refletida na nossa direção. E, naturalmente, há alguma verdade aqui, pois se o Sol escurecesse de repente a Lua também escureceria. Mas há outro sentido quântico, mais sutil, no qual ela não é apenas um objeto e sua luz não é apenas refletida dele.

Newton e outros, no início da idade moderna, consideravam a Lua como um conglomerado de átomos estáveis e imutáveis. Com essa concepção é fácil sustentar que ela simplesmente forma uma parede na qual a luz do Sol é refletida. Porém, quando examinamos os processos físicos da "luz", dos "átomos" e o "reflexo", descobrimos uma dinâmica muito mais complexa e mesmo assombrosa.

Primeiro, as partículas elementares e os átomos não são objetos com existência permanente, mas são eventos que estão vibrando em ritmos extremamente rápidos. Mesmo a palavra "vibração" não é exata, pois conota um objeto sólido que se movimenta rapidamente para frente e para trás no espaço. Isso dá uma falsa imagem do que os nossos dados indicam, pois sabemos que, de fato, não é correto pensar nas partículas como movendo-se assim. Em vez disso, como foi celebrado e discutido durante todo o século XX, as partículas existem num lugar do espaço e depois em outro, *sem atravessar o espaço intermediário.* Assim, por mais que isso possa nos deixar perplexos, cientificamente é mais preciso dizer que as partículas e os átomos estão faiscando à medida que vêm à existência e, depois, de novo subitamente, dissolvem-se de seu lugar para surgir mais adiante numa localização próxima, o que acontece tão rapidamente que não pode ser visto a olho nu.

A Lua não é um objeto morto, mas, pelo contrário, um contínuo evento cintilante.

Segundo, é errado pensar nos fótons do Sol como se "ricocheteassem" do modo como uma bola quicaria quando atirada contra uma parede. Em vez disso, eles afetam as partículas da Lua e são afetados por elas. Como acontece com toda influência mútua no nível quântico da realidade, seu processo começa com a aniquilação das partículas quando são absorvidas no abismo onicriador, e segue com a criação de um novo conjunto de partículas. Se esse novo conjunto contém quaisquer fótons, eles são *novos*. Eles não existiam no instante anterior, mas, pelo contrário, vieram do evento aniquilativo da influência mútua.

Logo, não é verdadeiro dizer que os fótons de luz que chegam aqui, da Lua, foram apenas refletidos do Sol. O luar vem da Lua, pois ele é *criado* pela Lua.

No próximo milênio, os jovens educados na nova cosmologia considerarão a Lua não como um corpo congelado, mas como um evento que tremula para dentro e para fora da existência a cada momento. O luar será compreendido, não como refletido do céu, mas como algo *expressivo* da realidade da Lua. Eles a considerarão, não como um objeto morto, mas como uma fonte criativa, uma origem do universo, um gêiser no céu onde o universo jorra para a vida.

Por meio desses contatos, aprendemos que o universo não é uma coleção de objetos mortos, mas, antes, é toda uma comunidade, constituída sem emendas, de sujeitos criadores do cosmos.

Quando as crianças aprendem sobre o nascimento do universo, elas perguntam: "O que havia antes?" Essa nossa mente, que surgiu quinze bilhões de anos depois do grande estouro – tapeçaria tecida das mesmas partículas primordiais que surgiram no começo –, insiste em saber o que é a sua base. Desejamos saber a natureza da realidade de que surgimos, pois então conheceremos a nossa natureza mais profunda.

Os seres humanos de todas as culturas contemplaram esse mistério e nós, agora, no século XX, entramos na linhagem cosmológica com a nossa própria contribuição. Nós também contatamos, à nossa própria e única maneira, o Grande Poder que gerou o universo há quinze bilhões de anos e que continua, hoje, empenhado em gerar em cada interação em todo ele. Da nossa recente contemplação empírica-matemática-observacional do universo, identificamos um domínio não-material que cobre totalmente, não apenas o grande macrocosmos do universo, mas também o microcosmos dos seres humanos e de todos os seres da Terra e do universo. Aquilo que gerou o universo está gerando também neste momento. Embora nossa compreensão seja muito nova e, assim, imprópria de muitas maneiras, o que descobrimos já é profundamente perturbador.

Dos nossos estudos cosmológicos, aprendemos que estamos no centro da expansão onicêntrica em larga escala do universo. Dos nossos estudos quânticos, aprendemos que matéria e energia surgem do potencial quântico. Reunidas, essas duas descobertas trazem a compreensão humana a uma perspectiva nunca antes usufruída: cada criança está situada exatamente naquele lugar e enraizada exatamente naquele poder que gerou toda a matéria e energia do universo.

14

O Despertar de Einstein

* * *

Depois de toda a discussão teórica sobre a origem da matéria e das minhas preocupações lingüísticas quanto a que palavras usar para dar nome à origem, quero, agora, passar a algo concreto, a uma pessoa, a um momento específico no tempo para embasar toda esta discussão. Minha esperança é que, se pudermos compreender essas idéias, já que elas dizem respeito a um ser humano atual, teremos uma melhor apreensão de como elas lançam luz sobre a nossa situação histórica pessoal.

Assim, voltamos, uma última vez, a Albert Einstein. Não é nele, a pessoa, que estou principalmente interessado; é nele como uma imagem ou uma revelação do que significa dizer que a nossa vida é simultaneamente a nossa vida comum e a criatividade central do universo em desenvolvimento. O desafio está em identificar a nossa realidade pessoal mais profunda com os poderes do universo e, de modo a refletir sobre isso, quero retornar àquela noite arquetípica quando Einstein estava debruçado sobre seus cálculos matemáticos no seu apartamento de segundo andar em Berlim.

Assim, lá está ele sentado, esse ser humano, sua estrutura concedida pelos primatas e agora sustentada por móveis alugados de um metro de altura. Mesmo que não soem tambores de verdade enquanto Einstein contempla a estrutura do universo, certamente, na nossa compreensão posterior do significado desse momento, podemos imaginar que na noite escura retumbava um tipo de música silenciosa em celebração ao que estava acontecendo ali.

Certamente um momento estranho mas, ainda assim, também muito familiar. Seu cachimbo deitado ao lado, esquecido, as brasas apagadas já por uma hora. A sala impregnada pelo cheiro doce e forte da fumaça antiga. Fora, chovendo ainda, as poucas pessoas nas ruas, apressadas sob as suas capas e casacos escuros. Mas Einstein não olhou para fora da janela a noite toda e, mesmo que o tivesse feito, dificilmente as imagens sensoriais teriam penetrado na sua consciência. Alheio à chuva, ao cachimbo apagado ou à cor do lápis verde-escuro, porém profundamente consciente e muito alerta – carregado, até, de um tipo de consciência que vive melhor no limite do mundo, uma região que ele parecia ter ocupado muito freqüentemente.

Psicólogos o questionaram sobre a sua consciência durante esses momentos de criatividade radical, e ele deixou-os perplexos com a sua resposta. Eles haviam ficado curiosos sobre a orientação matemática de Einstein. A maioria dos cientistas matemáticos cai em um ou em dois domínios mentais qualitativamente distintos. Um é o algébrico, no qual um pesquisador confiará nos formalismos das equações com letras do alfabeto e regras algorítmicas para transformar um símbolo em outro. O outro é o geométrico, onde, em vez de usar fórmulas abstratas, o pesquisador confia em formas e cenários espacialmente construídos para representar a dinâmica. Depois de entrevistar uma série de cientistas matemáticos de nível mundial, os pesquisadores haviam se acostumado a categorizar seus entrevistados em um desses dois domínios.

Em vez de falar em formalismos algébricos ou em intuições geométricas, depois de refletir cuidadosamente sobre a questão, Einstein disse que suas experiências eram de "tipo muscular".

Quando Einstein se sentou, pleno de consciência, imprimindo com suas mãos símbolos matemáticos sobre a página, o aglomerado de galáxias Hércules estava distanciando-se da Via Láctea a trinta mil quilômetros por segundo. O aglomerado de galáxias Coma também, com todos os seus trilhões de estrelas – cada uma com um milhão de vezes o tamanho da Terra –, navegava silenciosamente pela noite cósmica. Não havia consciência disso nas atividades mentais na Terra, e Einstein sentou-se preocupado.

Quinze bilhões de anos antes, o universo havia explodido como uma energia estupenda e, nesse fogo primordial do começo, cada ponto era o agitado centro da expansão. Por meio da alquimia numinosa da criatividade que permeia o cosmos, algumas das primeiras partículas lá do centro foram cozidas num pedaço de Terra que se sentou meditando, protegido das chuvas do autodesprezo, da insegurança financeira ou da distração desnecessária.

Diversas vezes a cada ano, a Via Láctea gera uma nova estrela. Enquanto Einstein sentava-se lá e as galáxias distantes se afastavam, a Via Láctea estava ocupada em todas as regiões de seu domínio, alimentando nuvens de elementos que se formaram com a potencialidade do nascimento das estrelas. Eu gostaria de poder escrever com certeza que, simultaneamente ao despertar de Einstein para a dinâmica da estrutura em larga escala do espaço-tempo, uma estrela nasceu num dos braços da Via Láctea. Mas, mesmo que esse nascimento simultâneo não tenha acontecido, é verdadeiro, contudo, que, tanto num como noutro desses nascimentos temos uma porção da Via Láctea, cheia da sua criatividade, batendo-se com urgência, chegando a um novo nascimento da potencialidade polivalente da Via Láctea.

Finalmente, Einstein perdeu a esperança de algum dia explicar sua experiência de criatividade para outros. Tantos sofriam com uma compreensão distorcida. Ele não, disse-lhes pacientemente, simplesmente estudem os dados e, então procurem por equações que se ajustem a eles. A verdade da questão, tão difícil para eles aceitarem, era que ele próprio baseava-se na imaginação.

Quando Einstein – esse pedaço da Via Láctea – foi questionado sobre o que buscava, respondeu: "Eu quero saber como o Velho pensa. O resto é detalhe." Essa criatura que usa sapatos velhos, esse membro bigodudo do reino dos notocórdios, essa carne viva com suas rugas por causa de uma vida de risos, esse amontoado de moléculas, essa alma marcada por maravilhas, ardia para saber como o Velho pensava. Como ele está formando as grandes abóbadas celestes. Como está pondo um bilhão de estrelas em suas órbitas. Como está juntando os bárions. Como está liberando o eletromagnetismo através das membranas das células.

Chocado com toda a dinâmica que contemplava, Einstein teve a experiência de um nascimento que o permeava inteiro, sua mente, seus músculos, suas vísceras. Sem esforço, e como uma forma dessa própria dinâmica, ele anotava as equações de campo. Esse pedaço da Via Láctea tomava nota apressadamente da sua dinâmica. Esta região do espaço-tempo, rica das interações do universo, apontava a forma simbólica dessas interações. Essa porção carnal do mundo transformou seu interior em grafite para revelar as harmonias em funcionamento por todo o mundo carnal.

Os índios da América do Sul ensinam que, para tornar-se humano, "é preciso criar espaço em si mesmo para as imensidões do universo". A menos que o façamos, não podemos encontrar a nossa verdadeira natureza. Vagaremos em dor e solidão. Nunca saberemos como o Velho pensa. Apanhados em fragmentos da nossa natureza, nos prenderemos a um fragmento depois do outro, cada um deles levando-nos para cada vez mais distante do nosso centro.

Criando espaço para as imensidões, Einstein viveu o influxo delas, quando, subitamente, a Via Láctea, como o Grande Ser, tornou-se esse Einstein refletindo sobre sua mais profunda natureza, que é a natureza da galáxia e também do cosmos. Depois, quando ele havia se acalmado e estava tentando extrair sentido do que havia acontecido, distorceu um pouco o que tinha vindo à tona. Acrescentou um símbolo. Mudou o que ele havia intuído. Na calma cultural distante da ruptura retumbante, ele cedeu aos hábitos do seu tempo e lugar e alterou as equações originais – um recuo sobre o qual podemos refletir para benefício nosso.

Porém, naquele grande momento, naquele estado de consciência oriundo de anos de preparação disciplinada, *Einstein não estava contemplando algo separado de si mesmo.* Ele estava absorto na experiência dos sentimentos em seu corpo, em suas vísceras, em suas entranhas, que eram causados pelas mesmas causas que permeavam o universo. O Grande Poder que tinha, lá, no lugar de origem do universo, irrompido em todas as energias e galáxias, estava, agora, gerando o seu próprio auto-retrato nos símbolos das equações de campo de Einstein. Os poderes que um dia receberiam nomes como "gravidade", "a segunda lei da termodinâmica", ou "a forte interação nuclear"; poderes que formaram a Via Láctea e o organismo dos mamíferos; eles estavam em funcionamento naquela forma concentrada da galáxia chamada Einstein, e era ali que esse Grande Poder fluiu numa nova contemplação da sua sublime grandeza.

15

O Centro do Cosmos

O universo começou como uma erupção do abismo onicriador, a fonte oculta de toda a criatividade, em espaço, tempo, matéria e energia. Como uma doação titânica, um *quantum* estupendo de energia livre manifestou-se das insondáveis abóbadas de generosidade.

A natureza dessa dádiva original vai tão além das nossas experiências humanas cotidianas que precisamos recorrer a números para abordá-la. No primeiro segundo, o universo está um milhão de vezes mais quente que o centro do nosso Sol hoje. Está numa forma extremamente compacta. A densidade da matéria original é um bilhão de vezes maior que a das rochas. E, contudo, essa matéria primordial está explodindo tão rapidamente quanto a velocidade da luz.

Todo lugar do universo está no centro dessa realidade em explosão. Do nosso lugar na Terra, hoje, no meio do superaglomerado de Virgem, todo o universo explode para longe de nós, assim como o faz da perspectiva de qualquer um no superaglomerado de Perseu. Estamos no centro imóvel dessa expansão cósmica, e temos estado aqui, nele, desde o começo do tempo.

O universo começou, aqui, de forma diferente, tão quente que nenhuma estrutura podia ainda existir. Mas, à medida que a expansão prosseguiu, a temperatura diminuiu lentamente e os primeiros seres começaram a surgir. Quarks, os constituintes das partículas elementares estáveis, juntaram-se e formaram prótons e nêutrons. Três minutos depois, estes, por sua vez, formaram os primeiros núcleos. Depois de trezentos mil anos, a temperatura caiu para seis mil graus, a da superfície do Sol atualmente, e o universo transformou-se de partículas nucleares nos primeiros átomos de hidrogênio e hélio. Essa mesma transformação espetacular continuou no futuro, levando esses átomos à forma de galáxias, depois, de moléculas e células e, depois, na própria forma do ser humano, do elefante, do pinheiro e do Rio Mississippi.

O que floresceu como um ovo cósmico quinze bilhões de anos atrás, floresce agora como alguém, a sua família, a sua comunidade de seres vivos, o nosso planeta azul, o nosso oceano de aglomerados de galáxias. A mesma fonte fecunda – então e agora; a mesma energia numinosa – então e agora.

Ingressar no universo onicêntrico em desdobramento é provar a alegria da mutualidade relacional radical. Pois sabemos que este nosso corpo poderia ser uma sequóia gigante. Sabemos, de maneira simples e direta, que compartilhamos a mesma essência e, muito facilmente, poderíamos ter sido um pelicano migrante. Nossa perplexidade diante da existência torna-se indestrutível, e estamos novamente em casa no cosmos quando atingimos a convicção de que poderíamos ter sido um asteróide ou lava derretida, um homem ou uma mulher, mais altos ou mais baixos, mais bravos ou mais calmos, mais seguros ou mais hesitantes, mais certos ou mais errados.

Dei alguns detalhes científicos nestes capítulos como uma maneira de embasar essa nova cosmologia nas descobertas empíricas e teóricas da ciência, mas aqui, no final, é importante compreender que o centro do cosmos não é "ciência matemática", nem está "dentro" da ciência, nem "pertence" à ciência. *O centro do cosmos é cada evento no cosmos.* Cada pessoa *vive* no centro dele. A ciência é um dos métodos cuidadosos e detalhados pelos quais a mente humana veio a apreender o fato da origem do universo; mas o berço e o lugar de origem não é na verdade uma idéia científica: é onde você vive a sua vida.

O desafio primordial dessa transformação cosmológica da consciência é a conscientização de que cada ser no universo representa uma origem desse universo. O "centro do cosmos" refere-se ao lugar onde o grande nascimento do universo aconteceu no começo do tempo, mas também refere-se à sua evolução como rio, estrela, corvo, você, o universo surgindo de novo em nova existência.

A consciência que aprende que está no ponto de origem do universo é ela mesma uma origem do universo. A consciência que borbulha cada momento que nós identificamos como nós mesmos está enraizada na atividade geradora do universo. Nós todos estamos crescendo juntos no centro do cosmos.

O Universo é um Dragão Verde

Uma História Cósmica da Criação

BRIAN SWIMME

"Sintetizo nossa história cosmológica-científica contemporânea da realidade afirmando que o Universo é um dragão verde. Verde, porque todo o Universo está vivo, uma embriogênese que começa com o ovo cósmico da bola de fogo original e culmina na realidade emergente atual. E é também um dragão, nada menos do que isso. Os dragões são místicos, poderosos, emergem do mistério, desaparecem no mistério, ferozes, benévolos, conhecidos por iniciar os humanos nas mais profundas esferas da sabedoria. E dragões possuem fogo interior. Embora não existam dragões, nós somos o fogo do dragão. Somos a chama criativa, cintilante, cauterizadora e curativa de um Universo temeroso e encantador."

Comunicando suas idéias na forma de um diálogo clássico, o conhecido físico Brian Swimme – diretor associado do "Institute in Culture and Creation Spirituality, Holy Names College", em Oakland, Califórnia – arquiteta uma incursão fascinante pela força criativa que existe na matéria. A "atração cósmica" é o vínculo, o princípio dinâmico que une o plano material. A explanação do Dr. Swimme acerca das forças físicas básicas é mística e arrebatadora; ela choca o leitor pela conscientização fisiológica, explosiva, da natureza do ser.

A visão inspiradora de Swimme em relação à matéria é extremamente relevante para a necessidade contemporânea de proteger a natureza, de recuperá-la enquanto alento e pulsação do Criador. Mais significativamente ainda, o Dr. Swimme descreve muito bem a grandiosidade do Cosmos e o inter-relacionamento místico de toda a matéria.

Diante da ignorância generalizada sobre a visão científica da criação e o antagonismo lamentável que foi gerado entre ciência e religião, *O Universo é um Dragão Verde* – um dos mais notáveis livros sobre cosmologia já publicados – vem atender a uma necessidade real do leitor interessado em ter uma visão mais ampla acerca do papel do homem no Universo.

EDITORA CULTRIX

A Consciência sem Fronteiras

Pontos de Vista do Oriente e do Ocidente
sobre o Crescimento Pessoal

Ken Wilber

A Consciência sem Fronteiras examina o modo como criamos uma alienação persistente em relação a nós mesmos, aos outros e ao mundo ao fragmentar nossa experiência atual em partes distintas, separadas por limites. Artificialmente, dividimos nossa percepção em compartimentos tais como sujeito *versus* objeto, vida *versus* morte, razão *versus* instinto – um acordo de separação que coloca a experiência intervindo na experiência e a vida lutando contra a vida. O resultado de tal violência, apesar de ser conhecido por muitos outros nomes, é simplesmente a infelicidade.

Este livro demonstra como os diferentes tipos de psicologia e terapias podem ser reunidas e sintetizadas numa perspectiva global para a cura e transformação da infelicidade humana. Da Psicanálise ao Zen, da Gestalt à Meditação Transcendental, do Existencialismo ao Tantra, Ken Wilber, o autor, apresenta um guia simples e didático para compreender o mapa da consciência humana através dessas diferentes abordagens.

Para o leitor em geral, portanto, este livro oferecerá uma apresentação pessoal dos princípios e métodos de crescimento e transformação – do egóico ao humanista e ao transpessoal – e mostrará como essas abordagens se relacionam entre si, juntamente com exercícios específicos para vivenciá-las.

De Ken Wilber a Editora Cultrix já publicou *O Espectro da Consciência*, *Um Deus Social* e *O Paradigma Holográfico e outros Paradoxos* (org.).

EDITORA CULTRIX

TRANSFORMAÇÕES DA CONSCIÊNCIA

O Espectro do Desenvolvimento Humano

Recorrendo à psicologia e à psiquiatria modernas, bem como às grandes tradições mundiais da meditação, este livro apresenta o primeiro modelo integral do desenvolvimento humano – um modelo que inclui tanto os estágios convencionais do crescimento psicológico quanto os níveis "mais elevados" do desenvolvimento espiritual. *Transformações da Consciência* é um trabalho impressionante que pode alterar o futuro da pesquisa da consciência e da prática clínica.

"Esta é a mais importante e sofisticada síntese já publicada das psicologias do Oriente e do Ocidente. À medida que o diálogo intelectual entre Oriente e Ocidente aumenta, este livro será, cada vez mais, considerado um marco. Qualquer pessoa que se preocupe com as possibilidades do desenvolvimento humano – seja por meio da meditação, seja por meio da psicoterapia – pode beneficiar-se enormemente com sua leitura."

Daniel Goleman, *New York Times*

EDITORA CULTRIX

A MORADA DA ALMA

Gary Zukav

O que há de comum entre William James, Carl Jung, Niels Bohr e Albert Einstein, além do fato de serem todos cientistas? Esses homens eram místicos. Suas obras contribuem não só para a evolução da psicologia, da lingüística e da física, mas também para a evolução de quantos as lêem. Eles não eram movidos por recompensas terrenas nem pelo respeito dos colegas, mas punham suas almas e suas mentes em contato com algo e atingiam aquela extraordinária região em que a mente já não podia produzir dados do tipo que desejavam. Nesse território da inspiração, suas intuições se intensificavam e lhes era revelada a existência de algo que transcende o reino do tempo, do espaço e da matéria, algo além da vida física.

Cada um de nós está sendo atraído, de uma ou de outra maneira, para essa visão que transcende as limitações da personalidade. Para realizá-la, é preciso criar um vocabulário que expresse essa visão, essa força eterna. Essa é a contribuição deste livro de Gary Zukav.

Vivemos um tempo de profunda mudança. Passaremos por essa mudança mais facilmente se formos capazes de ver a estrada pela qual estamos viajando, o nosso destino e o que é que está em movimento. *A Morada da Alma* é como uma janela através da qual o leitor poderá contemplar a vida e compreender a experiência humana, com sabedoria, amor e júbilo.

EDITORA CULTRIX

REENCONTRO COM A ALMA

Uma Investigação Científica e Espiritual

Larry Dossey, M.D.

Neste seu último livro, sério e instigante, Larry Dossey nos dá uma visão alternativa da consciência humana – uma teoria da mente e do ser, independentes da matéria, do tempo e do espaço. Ilustrado com pensamentos de Lao Tsé e de Jung, de Meister Eckhart e de Rilke, e com textos tão antigos quanto os Upanishades, *Reencontro com a alma* entrelaça o conhecimento do Ocidente com o do Oriente, numa rica tapeçaria de grande profundidade intelectual e força espiritual. Trata-se, sem dúvida, de uma investigação profunda da ligação entre misticismo e cura, entre religião e física, que nos ajuda a entender a nossa realidade interior – um livro que, triunfante, afirma a nossa inter-relação com o Universo.

Sendo médico, o autor já presenciou em seus pacientes curas miraculosas que não podem ser explicadas pela ciência convencional. As idéias de eminentes cientistas como Schrödinger, Margenau, Einstein, Gödel, David Bohm e Sheldrake são combinadas à sabedoria tradicional de visionários e místicos para apresentar evidências convincentes de uma concepção não-localizada e holística da mente e da realidade. Em resumo, Larry Dossey nos fornece neste livro novas provas da existência da alma.

Larry Dossey é especialista em medicina psicossomática na Dallas Diagnostic Association e ex-chefe de equipe da Medical City Dallas Hospital. Também já dirigiu o Isthmus Institute em Dallas, uma organização que investiga a convergência entre ciência e religião. Tem dois livros já publicados — *Space, Time & Medicine* e *Beyond Illness*.

EDITORA CULTRIX